Amigurumis häkeln

Über 25 zuckersüße Modelle:
Faultier, Fuchs und Co.

HÄKELN KOMPAKT

EMF

EIN BUCH DER
EDITION MICHAEL FISCHER

IMPRESSUM

Bibliografische Information der Deutschen Bibliothek.

Die Deutsche Bibliothek verzeichnet diese Publikation in der Deutschen Nationalbibliografie.

Detaillierte bibliografische Daten sind im Internet über http://www.dnb.de/ abrufbar.

EIN BUCH DER EDITION MICHAEL FISCHER

1. Auflage 2018

Covergestaltung: Yvonne Witzan

Bildnachweis: Melica/Shutterstock (S. 4), Elisabeth Berkau (S. 7, 16, 18, 24, 32, 35, 56, 62, 68, 70, 88, 94), Katja Schubert SHOT FOTOGRAFIE (S. 8, 11, 30, 40, 43, 48, 54, 76, 79, 80), Emma Friedrichs (S. 90), EMF (alle weiteren)

Anleitungen und Texte: Susan Gast & Ina Langguth (S. 8, 30, 40, 48, 54, 76, 80), Susan Gast (S. 18, 70, 88, 94), Katja Gradt (S. 90), Yvonne Markus (alle weiteren)

Lektorat: Beate Schmitz

Layout und Satz: Verena Raith und Yvonne Witzan

ISBN 978-3-96093-203-1

Gedruckt bei Polygraf Print, Čapajevova 44, 08001 Prešov, Slowakei

www.emf-verlag.de

MIX
Aus verantwortungs-vollen Quellen
FSC® C023577
FSC www.fsc.org

INHALT

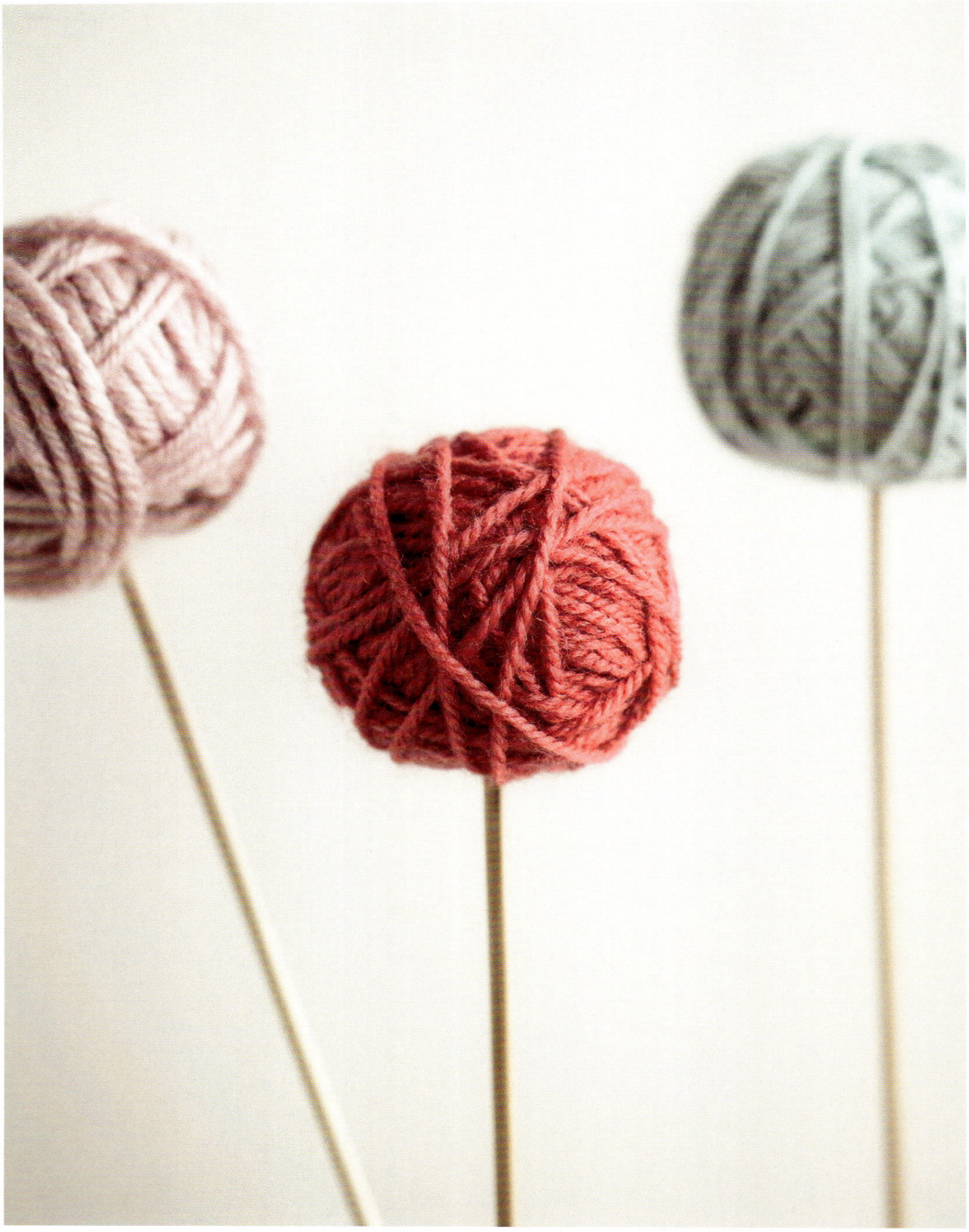

VORWORT

Willkommen in der Welt der Amigurumi. Sie werden schnell feststellen, dass dies ein ganz besonderes Universum ist. Hier treffen Sie auf niedliche Begleiter aus den unterschiedlichsten Ecken der Welt. Ein Lama hat die weite Reise aus Peru auf sich genommen, ein Affe hat sich an einer Liane herbei geschwungen und auch ein kuschelweiches Kätzchen hat einen Zwischenstopp auf seinen Streifzügen eingelegt. Hinzu kommen ungewöhnliche Gesellen wie zwei kleine Einhörner, Eis aus dem Schlaraffenland oder ein Hund mit blauen Punkten. Jeder von ihnen ist etwas ganz Besonderes und erobert sich bestimmt im Nu einen Platz in Ihrem Herzen.

Häkeln Sie los, tauchen Sie in die Amigurumi-Welt ein und finden Sie jede Menge bezaubernde Gefährten.

ABKÜRZUNGEN

abh = abheben

abn/Abn = abnehmen/Abnahme(n)

anschl = anschlagen

DStb = Doppelstäbchen

Fb = Farbe(n)

fM = feste Masche(n)

hStb = halbe(s) Stäbchen

ihM = ins hintere Maschenglied

Km = Kettmasche(n)

LL = Lauflänge

Lm = Luftmasche(n)

M = Masche(n)

Nd = Nadel

R = Reihe(n)

Rd = Runde(n)

RStb = Reliefstäbchen (v für vorn und h für hinten)

Stb = Stäbchen

wdh = wiederholen

zus = zusammen

[...] = Maschenfolgen, die in eckigen Klammern stehen, werden zusammen in eine Masche/Einstichstelle gearbeitet

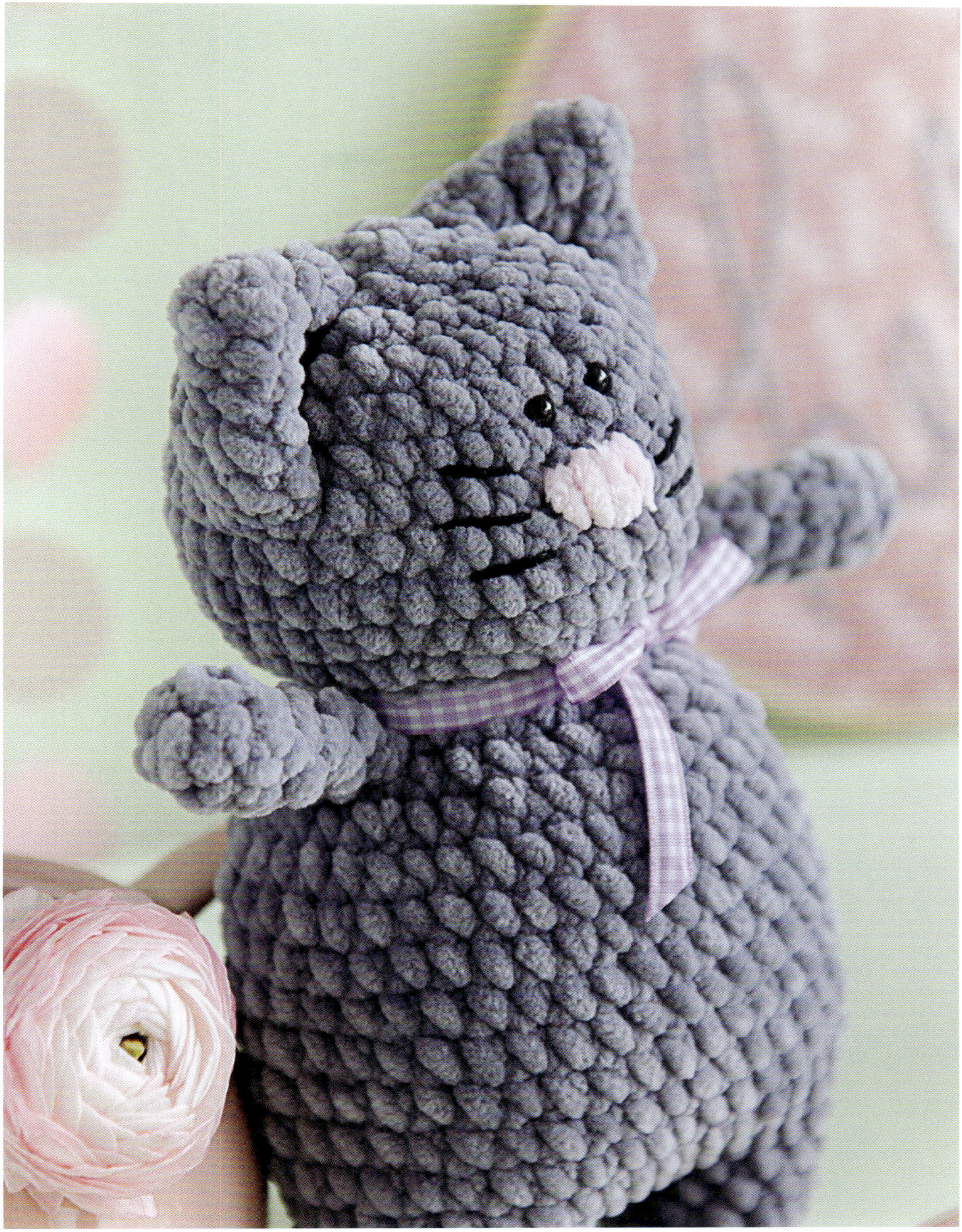

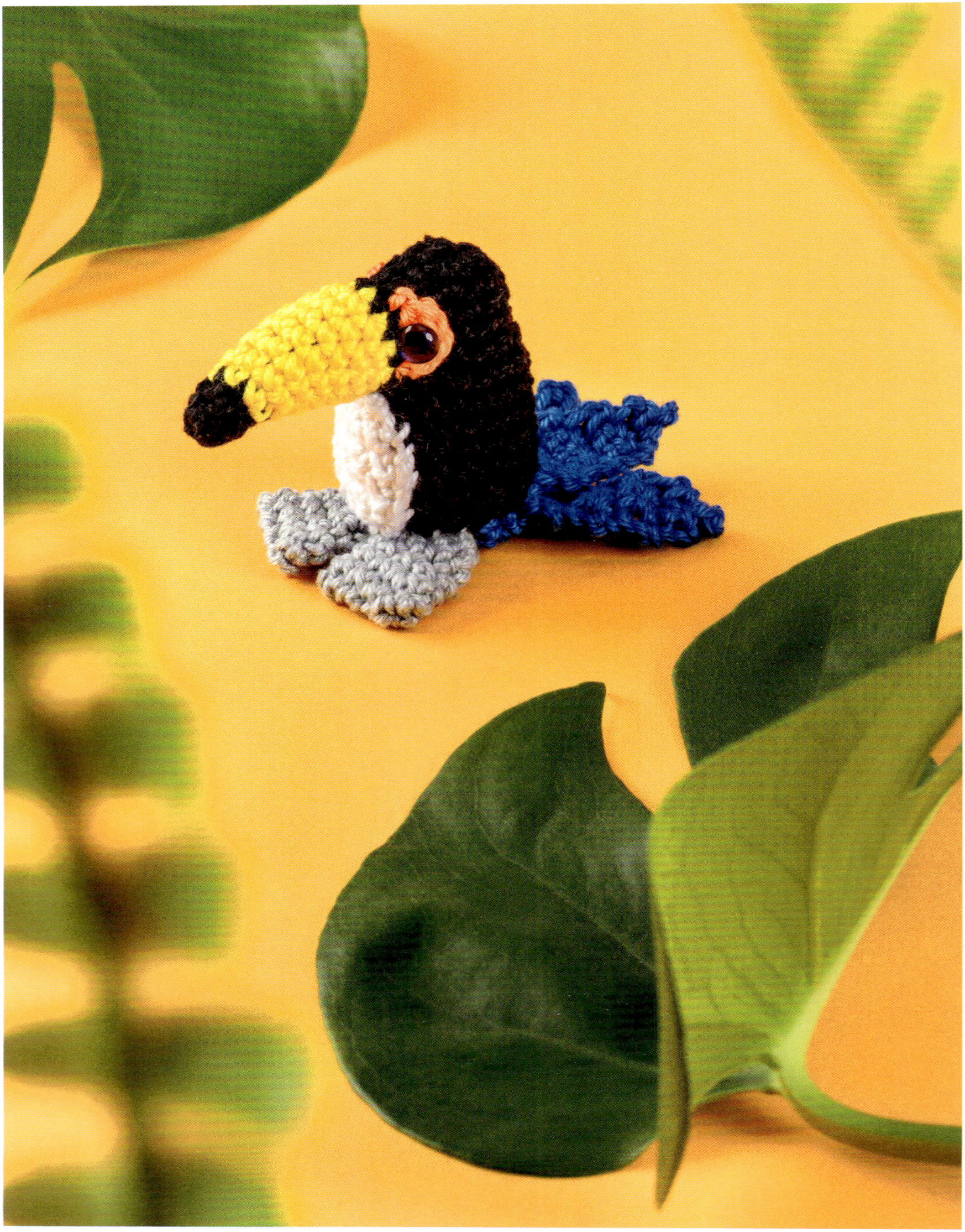

TONI TUKAN

SCHWIERIGKEITSGRAD ★

♥ MATERIAL

- Woll Butt Camilla (100 % Baumwolle, LL ca. 125 m/50 g): Reste in Schwarz (Fb 35435), Grau (Fb 35441), Weiß (Fb 35432), Royalblau (Fb 35444), Gelb (Fb 35436) und Orange (Fb 35443)
- Häkelnadel 3,0 mm
- 2 blau-schwarze Kunststoffaugen mit Ösen zum Annähen, Ø 5 mm
- Füllwatte
- Wollnadel

♥ GRÖSSE

- Ca. 5 cm

♥ LOS GEHT'S

Den Körper von oben nach unten, den Schnabel von vorne nach hinten und die Füße von hinten nach vorne in Spiral-Rd häkeln. Körper und Schnabel während des Häkelns nach und nach mit Füllwatte ausstopfen. Die Schwanzfedern in R häkeln, dabei jede R mit 1 Wende-Lm beginnen.

KÖRPER

In Schwarz einen Magic Ring legen und wie folgt häkeln:

1. Rd: 6 fM.

2. Rd: Jede M verdoppeln (= 12 M).

3.–5. Rd: fM häkeln (= 12 M).

6. Rd: Jede 2. M verdoppeln (= 18 M).

7. Rd: fM häkeln (= 18 M).

8. Rd: Jede 2. und 3. M zus häkeln (= 12 M).

9. Rd: Je 2 M zus häkeln (= 6 M).

Den Faden lang abschneiden, abmaschen und evtl. noch etwas Füllwatte nachstopfen. Dann die M der letzten Rd mit dem Faden zusammenziehen und diesen vernähen.

SCHNABEL

In Schwarz einen Magic Ring legen und wie folgt häkeln:

1. Rd: 5 fM.

2.–6. Rd: In jeder Rd 1 M verdoppeln, dabei die Zun in jeder Rd versetzt ausführen und ab der 3. Rd zu Gelb, für die 9. Rd wieder zu Schwarz wechseln (= 10 M).

Dann zu Orange wechseln und für einen **Augenkreis** 1 fM in die folgende M, 4 hStb in die nächste M und 1 fM in die folgende M häkeln.
Für den **2. Augenkreis** 2 fM überspringen und anschließend noch einmal genauso vorgehen, dabei zwischen beiden Augenkreisen den Faden etwas länger lassen und diesen mit der Füllwatte in das Schnabelinnere schieben.

♥ WEITER GEHT'S

BAUCH

In Weiß 4 Lm anschl und wie folgt in R häkeln:

1. R: Ab der 2. Lm nach der Nd fM häkeln (= 3 M).

2.–4. R: fM häkeln (= 3 M).

Dann den Bauch mit 1 Rd fM umhäkeln und die Rd mit 1 Km schließen.

Abmaschen und einen langen Faden zum Annähen hängen lassen.

FÜSSE (2 x)

In Grau einen Magic Ring legen und wie folgt häkeln:

1. Rd: 6 fM.

2. Rd: Die 3. und 6. M verdoppeln (= 8 M).

3. und 4. Rd: fM häkeln (= 8 M).

5. Rd: Die 4. und 8. M verdoppeln (= 10 M).

6. Rd: fM häkeln (= 10 M).

Den Faden lang abschneiden, abmaschen, die M der letzten Rd flach zusammenlegen und mit dem Faden zusammennähen.

SCHWANZFEDERN (3 x)

In Royalblau 3 Lm anschl, dabei den Anfangsfaden zum Annähen etwas länger lassen und wie folgt häkeln:

1. R: Ab der 2. Lm nach der Nd fM häkeln (= 2 M).

2. R: Jede M verdoppeln (= 4 M).

3. und 4. R: fM häkeln (= 4 M).

5. R: fM häkeln, dabei die 1. M überspringen (= 3 M).

6. und 7. R: Wie die 5. R häkeln (= 1 M).

Abmaschen und einen langen Faden zum Annähen hängen lassen.

FERTIGSTELLEN

Den Tukan, wie auf dem Modellbild zu sehen, zusammensetzen, dabei alle Fäden vernähen: Zuerst den Schnabel mit den Augenkreisen und anschließend den Bauch an den Körper nähen. Dann die Augen auf die Augenkreise nähen. Danach die Füße nach vorne zeigend und die Schwanzfedern nach hinten zeigend unten an den Körper nähen.

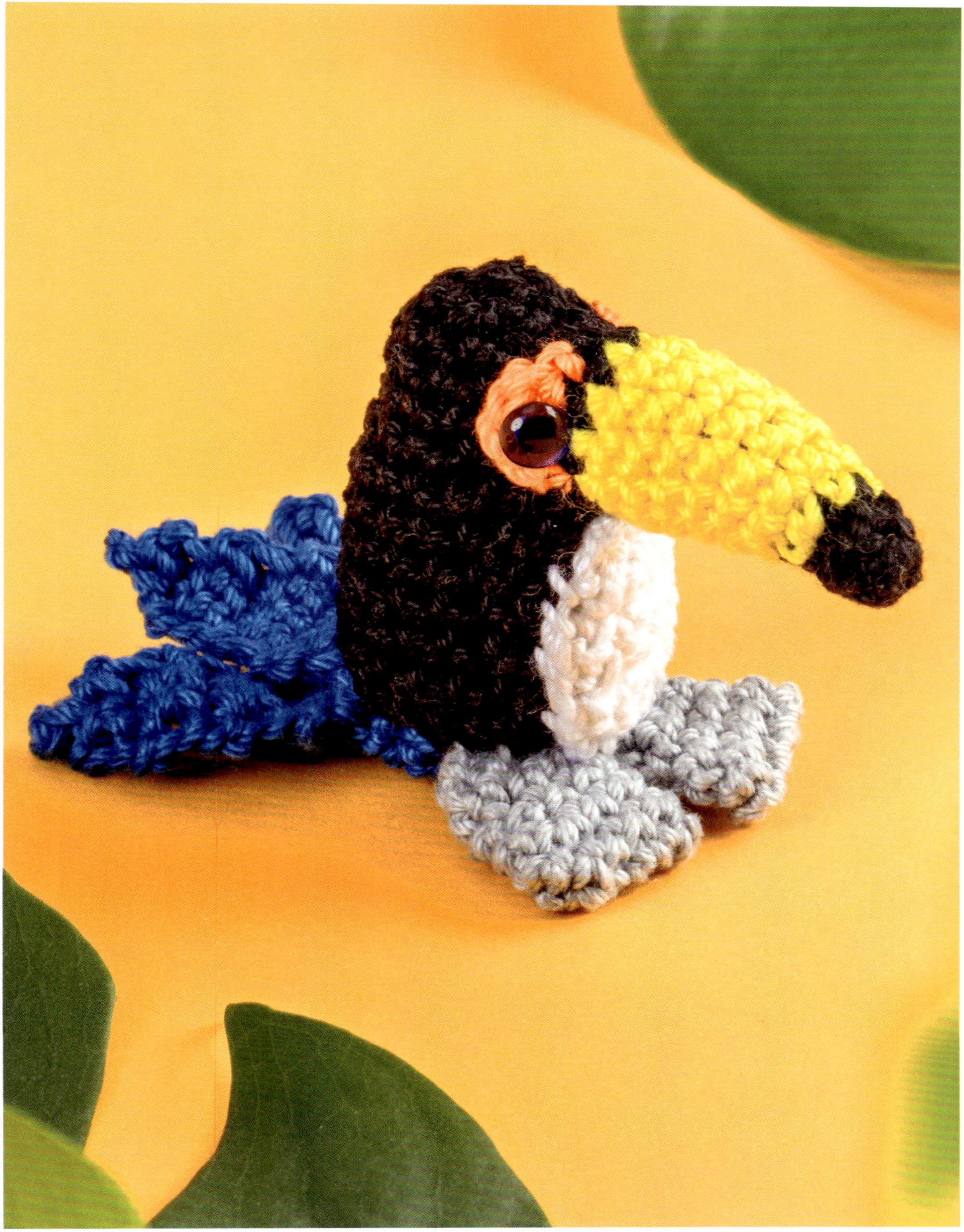

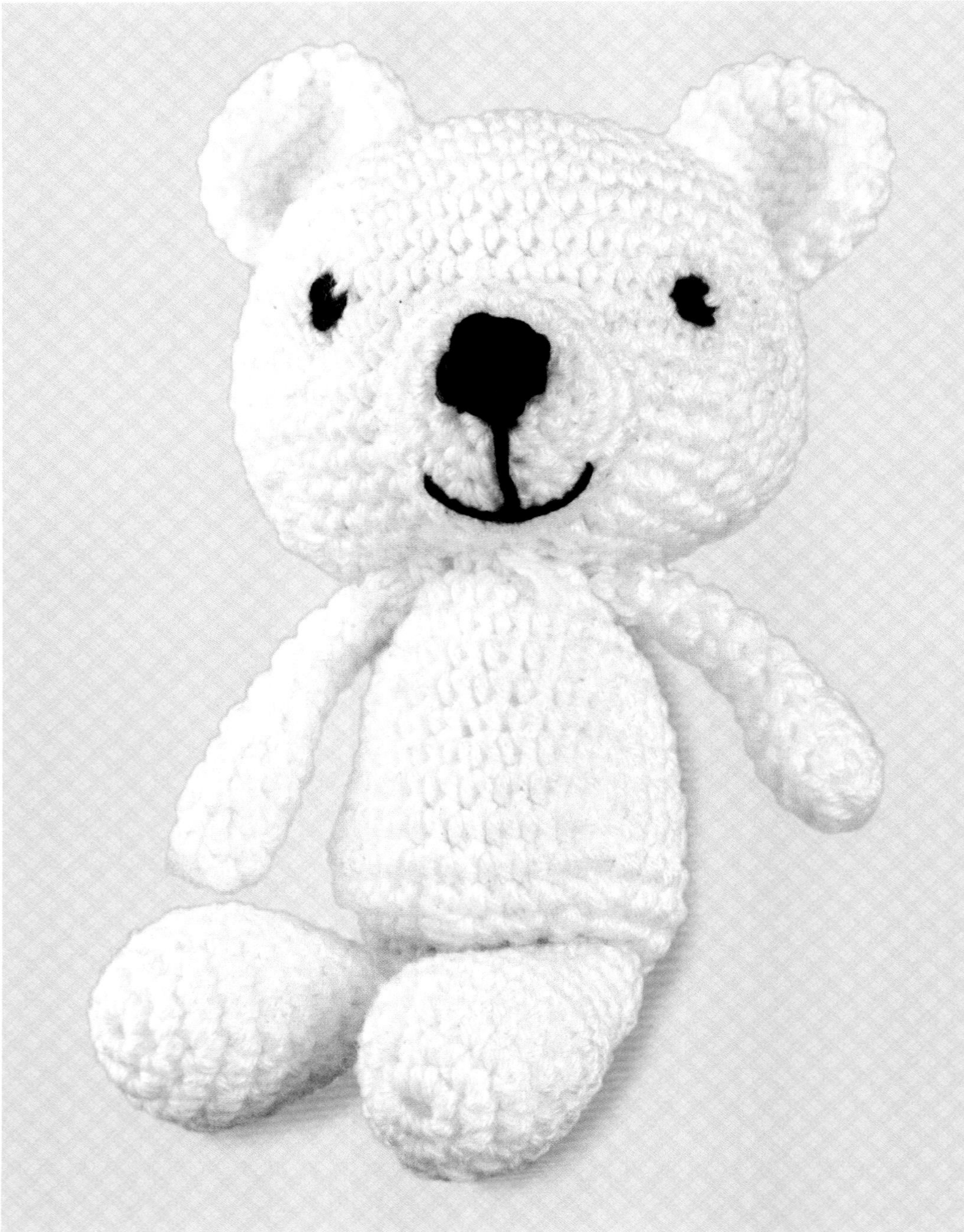

BERTI BÄR

SCHWIERIGKEITSGRAD ★ ★ ☆

♥ MATERIAL

- Schachenmayr Catania (100 % Baumwolle, LL 125 m/50 g) in Weiß (Fb 106), 25 g, und einen Rest in Schwarz (Fb 110)
- Häkelnadel 2,5 mm
- Wollnadel
- Füllwatte

♥ GRÖSSE

- 15 cm

♥ LOS GEHT'S

Jede R wird mit 1 Wende-Lm begonnen.
Jede Rd wird mit 1 Steige-Lm begonnen und mit 1 Km in die 1. Lm beendet.

KOPF UND KÖRPER

In Weiß 2 Lm anschl und in die 1. Lm 6 fM häkeln (= 6 M).

1. Rd: Jede M verdoppeln (= 12 M).

2. Rd: Jede 2. M verdoppeln (= 18 M).

3. Rd: Jede 3. M verdoppeln (= 24 M).

4. Rd: Jede 4. M verdoppeln (= 30 M).

5. Rd: Jede 5. M verdoppeln (= 36 M).

6. Rd: Jede 6. M verdoppeln (= 42 M).

7. Rd: Jede 7. M verdoppeln (= 48 M).

8.–13. Rd: 48 fM häkeln (= 48 M).

14. Rd: Jede 7. und 8. M zus häkeln (= 42 M).

15. Rd: Jede 6. und 7. M zus häkeln (= 36 M).

16. Rd: Jede 5. und 6. M zus häkeln (= 30 M).

17. Rd: Jede 4. und 5. M zus häkeln (= 24 M)

Den Kopf mit Füllwatte ausstopfen.

18. Rd: Jede 3. und 4. M zus häkeln (= 18 M).

19. Rd: Jede 2. und 3. M zus häkeln (= 12 M).

20. Rd: Jede 2. M verdoppeln (= 18 M).

21. Rd: Jede 3. M verdoppeln (= 24 M).

22.–25. Rd: 24 fM (= 24 M).

26. Rd: Jede 4. M verdoppeln (= 30 M).

27.–29. Rd: 30 fM (= 30 M).

30. Rd: Jede 4. und 5. M zus häkeln (= 24 M).

♥ WEITER GEHT'S

Den Körper mit Füllwatte ausstopfen.

31. Rd: Jede 3. und 4. M zus häkeln (= 18 M).

32. Rd: Jede 2. und 3. M zus häkeln (= 12 M).

33. Rd: Jeweils 2 M zus häkeln (= 6 M).

Abmaschen und alle Fäden vernähen, dabei die Öffnung zuziehen.

BEIN (2 X)

In Weiß 2 Lm anschl und in die 1. Lm 6 fM häkeln (= 6 M).

1. Rd: Jede M verdoppeln (= 12 M).

2. Rd: Jede 2. M verdoppeln (= 18 M).

3.–5. Rd: 18 fM (= 18 M).

6. Rd: Jede 2. und 3. M zus häkeln (= 12 M)

7.–9.Rd: 12 fM (= 12 M).

10. Rd: Jede 5. und 6. M zus häkeln (= 10 M).

Abmaschen und einen langen Faden zum Annähen hängen lassen.

ARM (2 X)

In Weiß 2 Lm anschl und in die 1. Lm 6 fM häkeln (= 6 M).

1. Rd: Jede 3. M verdoppeln (= 8 M).

2.–3. Rd: 8 fM (= 8 M).

4. Rd: Jede 3. und 4. M zus häkeln (= 6 M).

5.–9. Rd: 6 fM (= 6 M).

Abmaschen und einen langen Faden zum Annähen hängen lassen.

OHR (2 X)

In Weiß 2 Lm anschl und in die 1. Lm 6 fM häkeln (= 6 M).

1. Rd: Jede M verdoppeln (= 12 M).

2. Rd: Jede 2. M verdoppeln (= 18 M).

3.–6. Rd: 18 fM (= 18 M).

Abmaschen und einen langen Faden zum Annähen hängen lassen.

SCHNAUZE

In Weiß 2 Lm anschl und in die 1. Lm 6 fM häkeln (= 6 M).

1. Rd: Jede M verdoppeln (= 12 M).

2. Rd: Jede 2. M verdoppeln (= 18 M).

3. Rd: Jede 9. M verdoppeln (= 20 M).

4. Rd: 20 fM häkeln (= 20 M).

Abmaschen und einen langen Faden zum Annähen hängen lassen.

SCHWANZ

In Weiß 2 Lm anschl und in die 1. Lm 6 fM häkeln (= 6 M).

1. Rd: Jede 3. M verdoppeln (= 8 M).

2. Rd: Jede 4. M verdoppeln (= 10 M).

Abmaschen und einen langen Faden zum Annähen hängen lassen.

NASE

In Schwarz 2 Lm anschl und in die 1. Lm 6 fM häkeln (= 6 M).

Abmaschen und einen langen Faden zum Annähen hängen lassen.

FERTIGSTELLEN

Den Bären, wie auf dem Modellbild zu sehen, zusammennähen, dabei alle Fäden vernähen: Die Ohren seitlich oben am Kopf festnähen. Die Schnauze mit Füllwatte ausstopfen und vorne am Kopf befestigen, darauf die Nase annähen. Rechts und links der Schnauze mit 2 M Abstand und über 2 M Breite die Augen in Schwarz aufsticken. In Weiß einen Reflex hinzufügen. Auf die Schnauze mit Schwarz den Mundbereich sticken.
Die Arme, etwas mit Füllwatte ausgestopft, seitlich dicht unterhalb des Kopfes am Körper annähen und die mit Füllwatte gefüllten Beine unten am Körper annähen. Der Schwanz wird zum Schluss an der Körperrückseite des Bären befestigt.

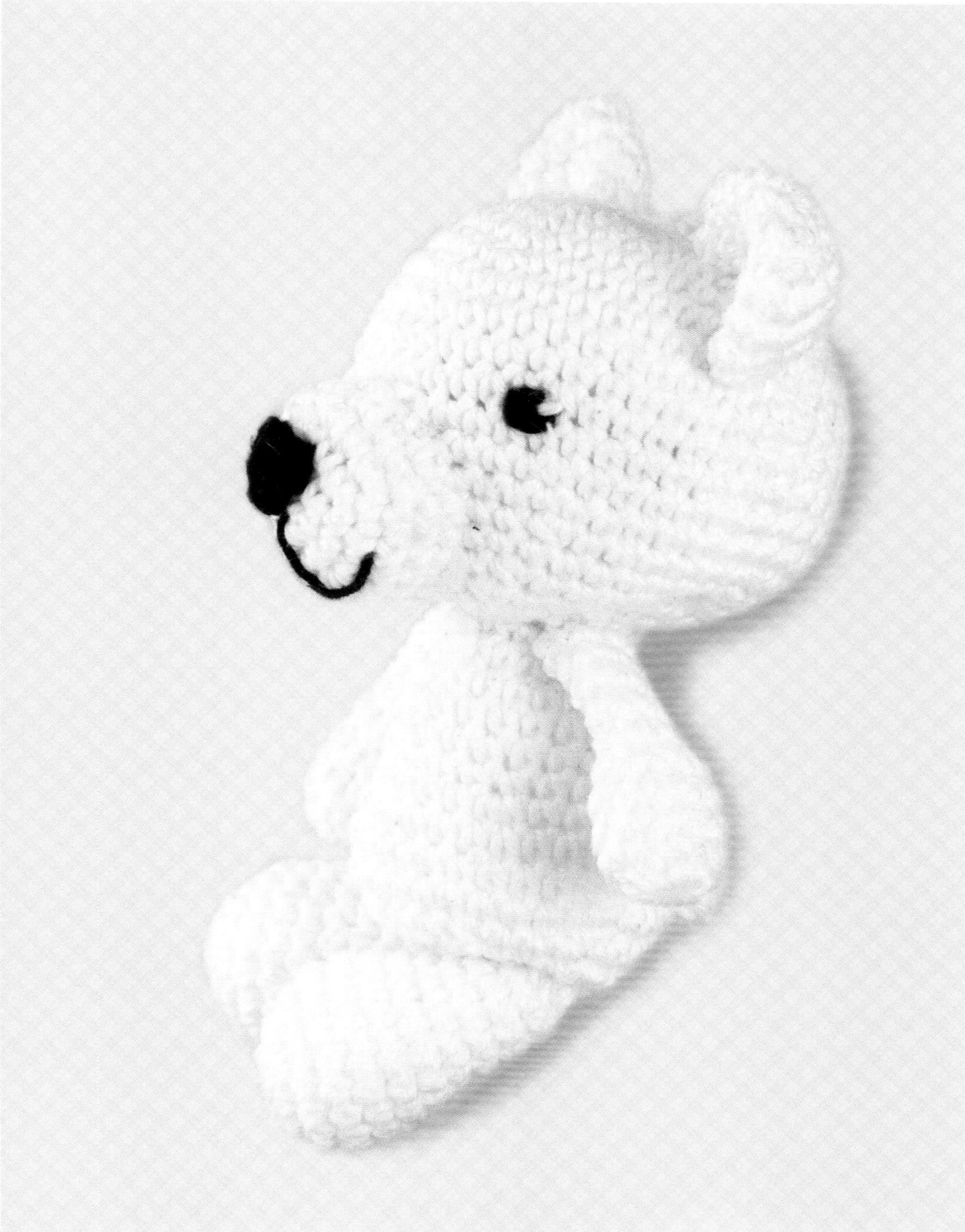

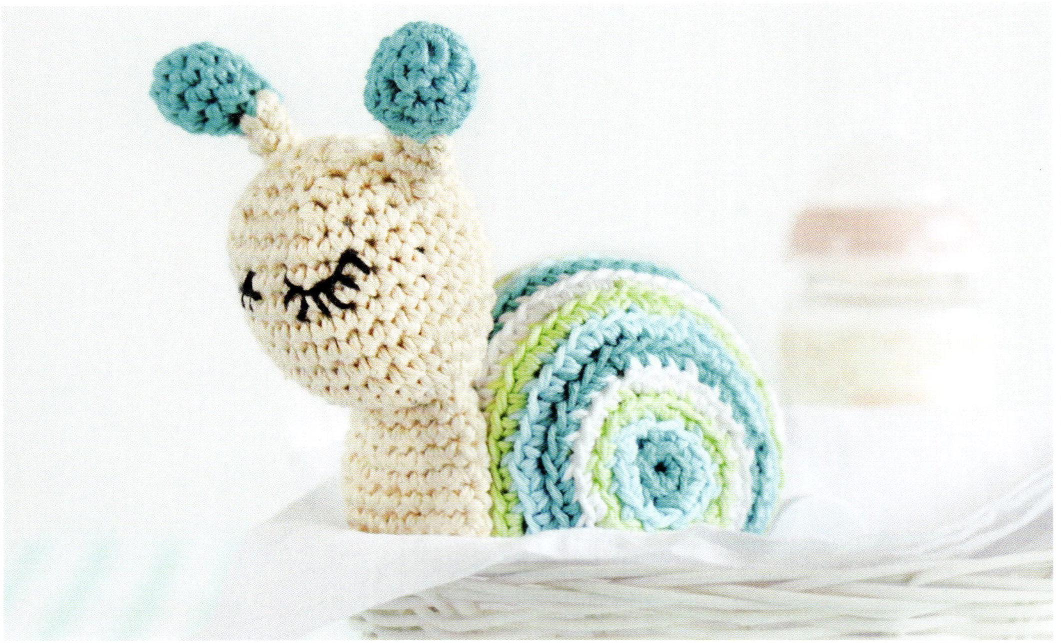

SCHWIERIGKEITSGRAD ★ ★ ★

♥ MATERIAL

- Woll Butt Camilla (100 % Baumwolle, LL 125 m/50 g) in Beige (Fb 35806), 30 g, in Weiß (Fb 35432), Aqua (Fb 24039), Smaragd (Fb 24041), und Hellgrün (Fb 35438), je 15 g, und einen Rest in Schwarz (Fb 35435)
- Häkelnadel 4,0 mm
- Wollnadel
- Füllwatte

♥ GRÖSSE

- 11 x 18 cm

♥ LOS GEHT'S

Die Schnecke wird in Rd gehäkelt. Jede Rd beginnt mit 1 Lm und endet mit 1 Km in die 1. Lm.

SCHNECKENHAUS

Alle M werden ihM gehäkelt.

1. Rd: In Smaragd mit doppeltem Faden 2 Lm anschl, 6 fM in die 1. Lm (= 6 M).

2. Rd (Aqua): Jede M verdoppeln (= 12 M).

3. Rd (Hellgrün): Jede 2. M verdoppeln (= 18 M).

4. Rd (Weiß): Jede 3. M verdoppeln (= 24 M).

5. Rd (Smaragd): Jede 4. M verdoppeln (= 30 M).

6. Rd (Aqua): Jede 5. M verdoppeln (= 36 M).

7. Rd (Hellgrün): Jede 6. M verdoppeln (= 42 M).

8. Rd (Weiß): Jede 7. M verdoppeln (= 48 M).

9. Rd (Smaragd): fM häkeln (= 48 M).

10. Rd (Aqua): fM häkeln (= 48 M).

Jetzt mit Füllwatte stopfen und die Spieluhr hineinlegen.

SUSA SCHNECKE

11. Rd (Hellgrün): fM häkeln (= 48 M).

12. Rd (Weiß): fM häkeln (= 48 M).

13. Rd (Smaragd): fM häkeln (= 48 M).

14. Rd (Aqua): Jede 7. und 8. M zus häkeln (= 42 M).

15. Rd (Hellgrün): Jede 6. und 7. M zus häkeln (= 36 M).

16. Rd (Weiß): Jede 5. und 6. M zus häkeln (= 30 M).

17. Rd (Smaragd): Jede 4. und 5. M zus häkeln (= 24 M).

Das Schneckenhaus mit Füllwatte ausstopfen.

18. Rd (Aqua): Jede 3. und 4. M zus häkeln (= 18 M).

19. Rd (Hellgrün): Jede 2. und 3. M zus häkeln (= 12 M).

20. Rd (Weiß): Je 2 M zus häkeln (= 6 M).

Abmaschen und die Fäden vernähen.

KÖRPER UND KOPF

1. Rd: In Beige mit doppeltem Faden 2 Lm anschl, 6 fM in die 1. Lm (= 6 M).

2. Rd: Jede 2. M verdoppeln (= 9 M).

3. Rd: Jede 3. M verdoppeln (= 12 M).

4. Rd: Jede 4. M verdoppeln (= 15 M).

5. Rd: Jede 5. M verdoppeln (= 18 M).

6.–26. Rd: fM häkeln (= 18 M).

27. Rd: Jede 3. M verdoppeln (= 24 M).

Zwischen der 26. und der 27. Rd einen Faden durch alle M ziehen, etwas festziehen und verwahren. Hier nimmt man einen separaten Faden, den man mit der Stopfnadel zwischen den Rd so durchzieht, dass abwechselnd eine M über dem Faden und die nächste M unter dem Faden liegt, und zieht ihn etwas fest. Zum Schluss verknotet man beide Fadenenden und verwahrt den Faden im Inneren der Schnecke, d.h., man zieht beide Fadenenden durch den Kopf durch.

28. Rd: Jede 8. M verdoppeln (= 27 M).

29. Rd: Jede 9. M verdoppeln (= 30 M).

30.–34. Rd: fM häkeln (= 30 M).

35. Rd: Jede 4. und 5. zus häkeln (= 24 M).

Den Kopf mit Füllwatte stopfen.

36. Rd: Jede 3. und 4. zus häkeln (= 18 M).

37. Rd: Jede 2. und 3. zus häkeln (= 12 M).

38. Rd: Je 2 M zus häkeln (= 6 M).

Abmaschen und die Fäden vernähen.

FÜHLER (2 X)

1. Rd: In Smaragd mit doppeltem Faden 2 Lm anschl, 5 fM in die 1. Lm häkeln (= 5 M).

2. Rd: Jede M verdoppeln (= 10 M).

3.–4. Rd: fM häkeln (= 10 M).

Den Fühler mit etwas Watte stopfen.

5. Rd: Je 2 M zus häkeln (= 5 M).

6.–9. Rd: In Beige fM häkeln (= 5 M).

Abmaschen und langen Faden zum Festnähen hängen lassen.

FERTIGSTELLUNG

Den Körper ans Häuschen und die Fühler an den Kopf nähen. In Schwarz die Augen aufsticken. Alle Fäden vernähen.

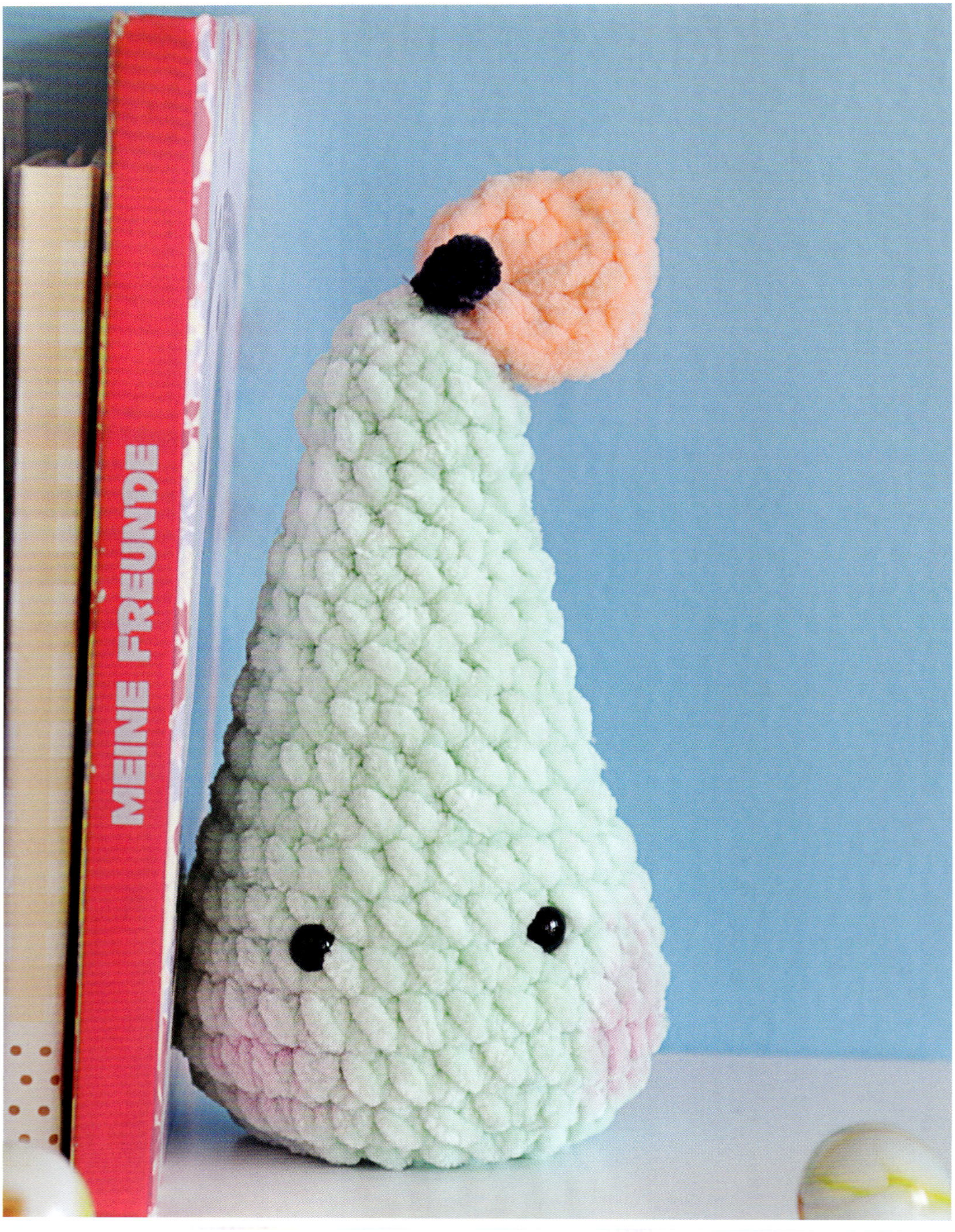
MEINE FREUNDE

BIBI BIRNE

SCHWIERIGKEITSGRAD ★★

♥ MATERIAL

- Woll Butt Candy (100 % Polyester, LL 120 m/100 g) in Mint, ca. 20 g
- Katia Bambi (100 % Polyester, LL 120 m/100 g) in Lachsorange (Fb 321), ca. 10 g
- Häkelnadel 6,0 mm
- Etwas Sand oder Steinchen zum Beschweren
- Füllwatte
- Sicherheitsaugen
- Wangenrouge
- Wollnadel

♥ GRÖSSE

- 12 cm

♥ LOS GEHT'S

Die Birne wird aus fM in Spiral-Rd gehäkelt.

BIRNE

1. Rd: In Mint 6 fM in einen Magic Ring häkeln.

2. Rd: Jede M verdoppeln (= 12 M).

3. Rd: Jede 2. M verdoppeln (= 18 M).

4. Rd: Jede 3. M verdoppeln (= 24 M).

5. Rd: Jede 4. M verdoppeln (= 30 M).

6.–10. Rd: fM häkeln (= 30 M).

11. Rd: Jede 3. und 4. M zus häkeln (= 23 M).

12. und 13. Rd: fM häkeln (= 23 M).

Die Birne mit einem kleinen Beutel Sand oder Steinchen, die in den unteren Teil gefüllt werden, beschweren.

14. Rd: Jede 3. und 4. M zus häkeln (= 18 M).

15.+16. Rd: fM häkeln (= 18 M).

17. Rd: Jede 3. und 4. M zus häkeln (= 14 M).

18.–20. Rd: fM häkeln (= 14 M).

Die Sicherheitsaugen in der 8. R von unten anbringen und den oberen Teil der Birne mit Füllwatte ausstopfen.

21. Rd: Je 2 M zus häkeln (= 7 M).

Den Faden abschneiden, abmaschen, mit einer Wollnadel durch alle 7 M fädeln und die Öffnung zusammenziehen. Den Faden sorgfältig im Inneren vernähen.

BLATT

In Lachsorange 2 Lm anschl und folgende M in die 1. Lm häkeln: 2 hStb, 2 Stb, 2 Lm, 2 Stb, 2 hStb. Die Rd mit 1 Km schließen.

FERTIGSTELLUNG

Für den Stiel mit der Nd ins obere Ende der Birne stechen und 4 Lm häkeln, abmaschen und das Fadenende beim Vernähen zurück ins Innere der Birne führen.
Blatt und Stiel genau nebeneinander oben an die Birne nähen. Alle Fäden vernähen.

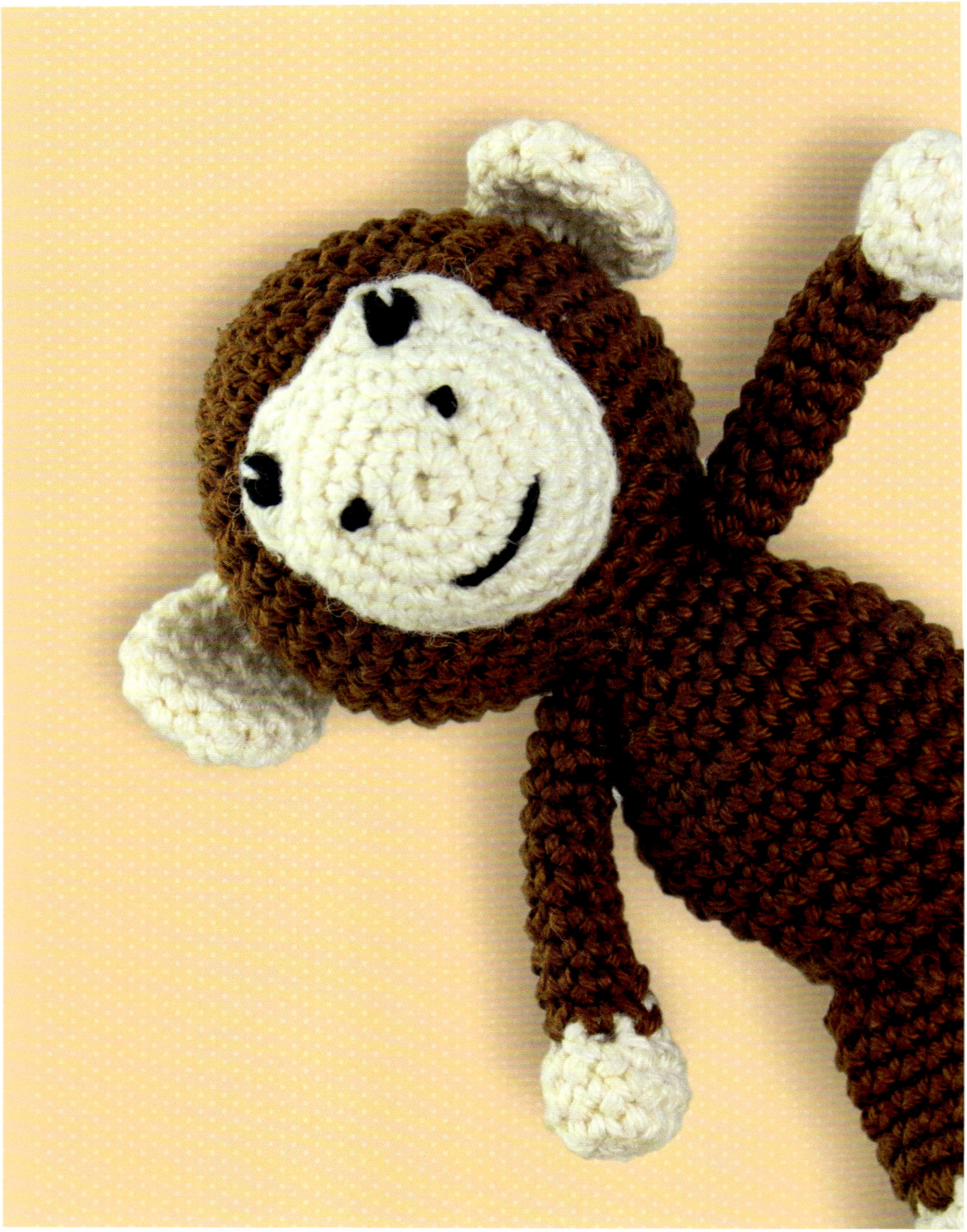

ALBERTO AFFE

SCHWIERIGKEITSGRAD ★ ★ ★

♥ MATERIAL

- Schachenmayr Catania (100 % Baumwolle, LL 125 m/50 g) in Marone (Fb 157), 20 g, in Creme (Fb 130), 5 g, und Reste in Weiß (Fb 106) und Schwarz (Fb 110)
- Häkelnadel 2,5 mm
- Wollnadel
- Füllwatte

♥ GRÖSSE

- 15 cm

♥ LOS GEHT'S

Jede R wird mit 1 Wende-Lm begonnen.
Jede Rd wird mit 1 Steige-Lm begonnen und mit 1 Km in die 1. Lm beendet.

KOPF UND KÖRPER

In Marone 2 Lm anschl und in die 1. Lm 6 fM häkeln (= 6 M).

1. Rd: Jede M verdoppeln (= 12 M).

2. Rd: Jede 2. M verdoppeln (= 18 M).

3. Rd: Jede 3. M verdoppeln (= 24 M).

4. Rd: Jede 4. M verdoppeln (= 30 M).

5. Rd: Jede 5. M verdoppeln (= 36 M).

6. Rd: Jede 6. M verdoppeln (= 42 M).

7.–12. Rd: 42 fM häkeln (= 42 M).

13. Rd: Jede 6. und 7. M zus häkeln (= 36 M).

14. Rd: Jede 5. und 6. M zus häkeln (= 30 M).

15. Rd: Jede 4. und 5. M zus häkeln (= 24 M).

Den Kopf mit Füllwatte ausstopfen.

16. Rd: Jede 3. und 4. M zus häkeln (= 18 M).

17. Rd: Jede 2. und 3. M zus häkeln (= 12 M).

18. Rd: Jede 2. M verdoppeln (= 18 M).

19. Rd: 18 fM häkeln (= 18 M).

20. Rd: Jede 3. M verdoppeln (= 24 M).

21. Rd: 24 fM häkeln (= 24 M).

22. Rd: Jede 4. M verdoppeln (= 30 M).

23.–27. Rd: 30 fM häkeln (= 30 M).

28. Rd: Jede 4. und 5. M zus häkeln (= 24 M).

Den Körper mit Füllwatte ausstopfen.

♥ WEITER GEHT'S

29. Rd: Jede 3. und 4. M zus häkeln (= 18 M).

30. Rd: Jede 2. und 3. M zus häkeln (= 12 M).

31. Rd: 2 M zus häkeln (= 6 M).

Abmaschen und alle Fäden vernähen, dabei die Öffnung zuziehen.

GESICHT

In Creme 2 Lm anschl und in die 1. Lm 6 fM häkeln (= 6 M).

1. Rd: Jede M verdoppeln (= 12 M).

2. Rd: Jede 2. M verdoppeln (= 18 M).

3. Rd: Jede 3. M verdoppeln (= 24 M).

4.–5. Rd: 24 fM häkeln (= 24 M).

6. Rd: In die 1. M: [1 fM, 1 hStb, 1 Stb], in die folgende M: [1 Stb, 1 hStb, 1 fM], 3 Km, in die folgende M: [1 fM, 1 hStb, 1 Stb], in die folgende M: [1 Stb, 1 hStb, 1 fM], den Rest der Rd unbehäkelt lassen (= 15 M).

Abmaschen und einen langen Faden zum Annähen hängen lassen.

OHR (2 X)

In Creme 2 Lm anschl und in die 1. Lm 6 fM häkeln (= 6 M).

1. Rd: Jede M verdoppeln (= 12 M).

2.–4. Rd: 12 fM häkeln (= 12 M).

Abmaschen und einen langen Faden zum Annähen hängen lassen.

ARM (2 X)

In Creme 2 Lm anschl und in die 1. Lm 6 fM häkeln (= 6 M).

1. Rd: Jede M verdoppeln (= 12 M).

2. Rd: 12 fM häkeln (= 12 M).

3. Rd: Je 2 M zus häkeln (= 6 M).

4. Rd: In Braun jede 3. M verdoppeln (= 8 M).

5.–13. Rd: 8 fM häkeln (= 8 M).

Abmaschen und einen langen Faden zum Annähen hängen lassen.

BEIN (2 X)

In Creme 2 Lm anschl und in die 1. Lm 6 fM häkeln (= 6 M).

1. Rd: Jede M verdoppeln (= 12 M).

2. Rd: Jede 4. M verdoppeln (= 15 M).

3. Rd: Jede 4. und 5. M zus häkeln (= 12 M).

4. Rd: Je 2 M zus häkeln (= 6 M).

5. Rd: In Marone jede M verdoppeln (= 12 M).

6.–14. Rd: 12 fM häkeln (= 12 M).

15. Rd: Jede 5. und 6. M zus häkeln (= 10 M).

Abmaschen und einen langen Faden zum Annähen hängen lassen.

SCHWANZ

In Marone 2 Lm anschl und in die 1. Lm 6 fM häkeln (= 6 M).

1.–14. Rd: 6 fM häkeln (= 6 M).

Abmaschen und einen langen Faden zum Annähen hängen lassen.

FERTIGSTELLEN

Den Affen, wie auf dem Modellbild zu sehen, zusammennähen, dabei alle Fäden vernähen: Das mit etwas Füllwatte ausgestopfte Gesicht vorne am Kopf, die Ohren seitlich am Kopf annähen. Die Arme knapp unterhalb des Kopfes seitlich an den Körper nähen, die Beine unten am Körper befestigen. Der Schwanz wird an der Rückseite des Körpers angenäht. Zum Schluss in Schwarz die Augen, die Nasenlöcher und den Mund auf das Gesicht sticken.

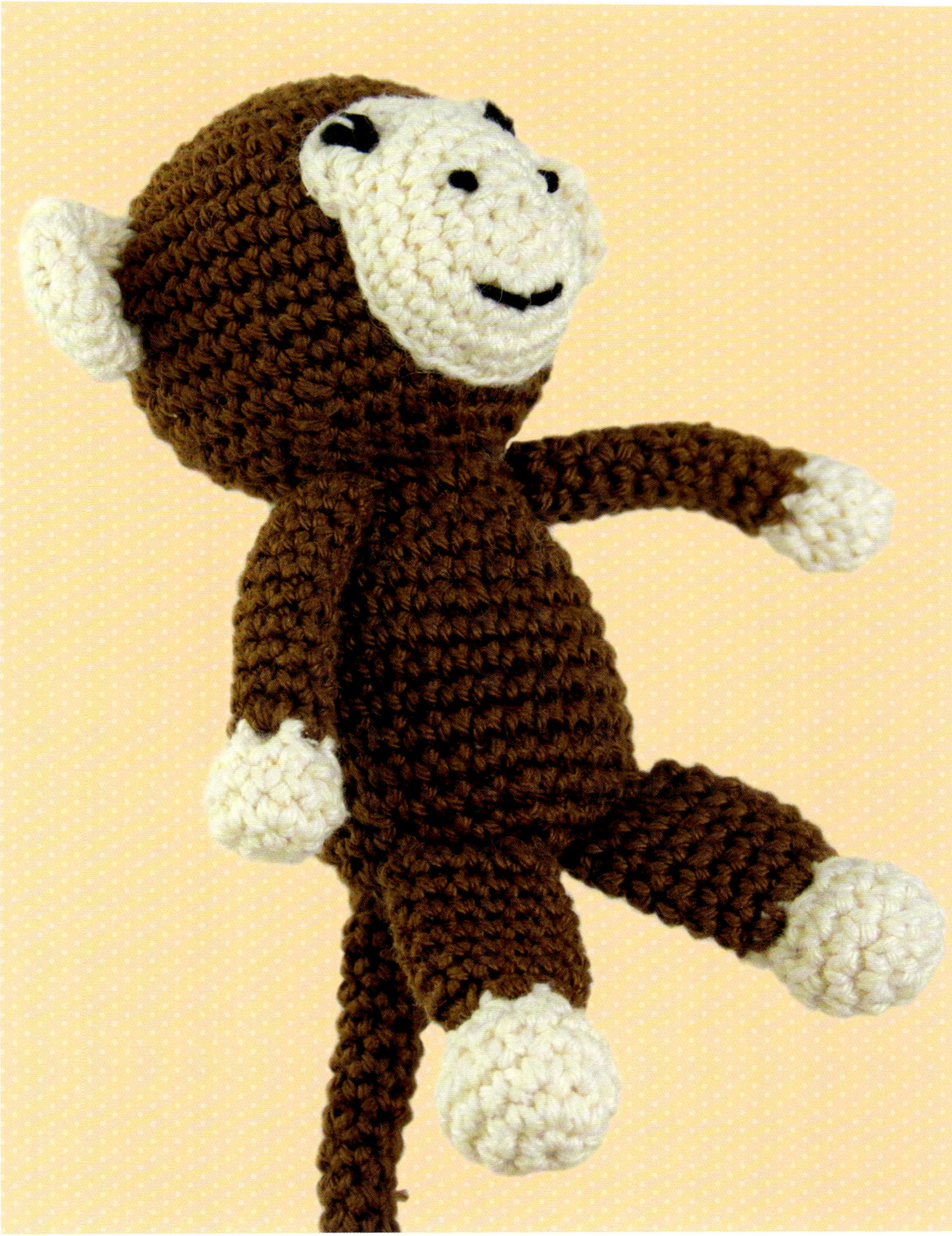

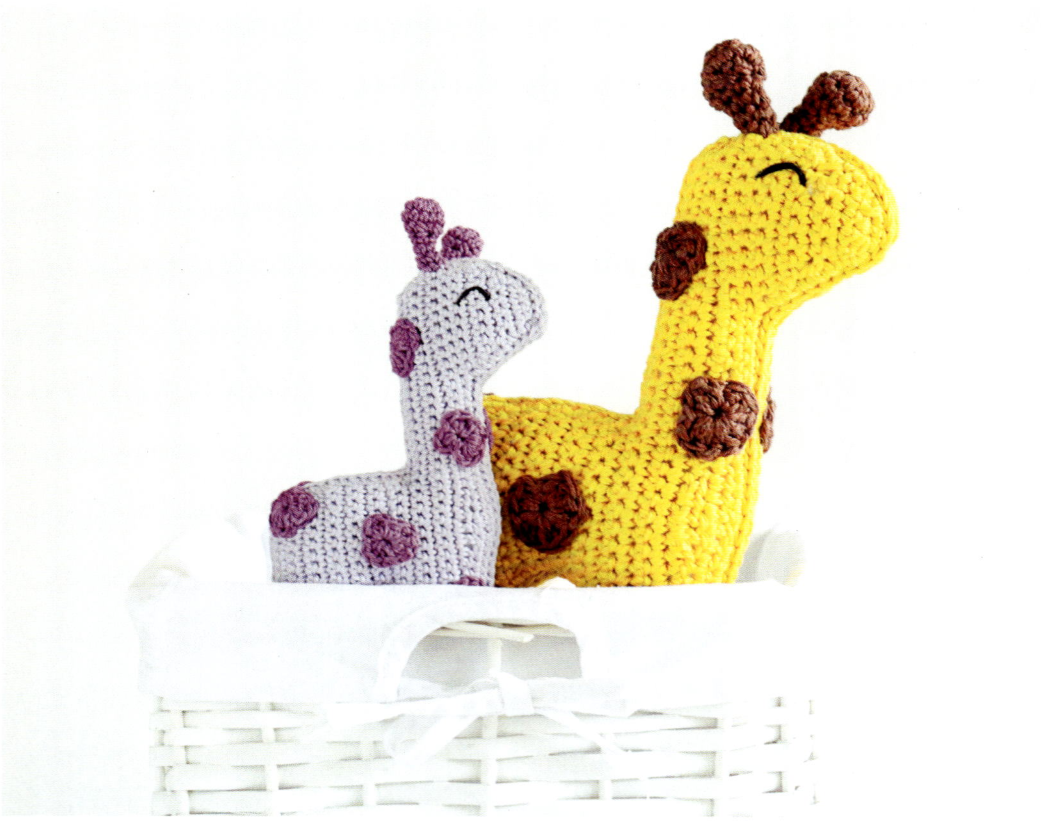

SCHWIERIGKEITSGRAD ★☆☆

MATERIAL

Für die lila Giraffe:

- Woll Butt Camilla (100 % Baumwolle, LL 125 m/50 g) in Flieder (Fb 35439), 35 g, Reste in Lila (Fb 21876) und Schwarz (Fb 35435)
- Häkelnadel 2,5 mm

Für die gelbe Giraffe:

- Woll Butt Camilla (100 % Baumwolle, LL 125 m/50 g) Sonnengelb (Fb 11577), 80 g, Mocca (Fb 24040), 10 g, und ein Rest in Schwarz (Fb 35435)
- Häkelnadel 4,0 mm

- **Für beide Giraffen:**
- Wollnadel
- Füllwatte

GRÖSSE

- Lilafarbene Giraffe: 12 x 17 cm
- Gelbe Giraffe: 19 x 26 cm

GISELLE GIRAFFE

♥ LOS GEHT'S

Die Giraffen werden in R gehäkelt. Jede R beginnt mit 1 Wende-Lm. Die Flecken, die Hörner und die Umrandung werden in Rd gehäkelt. Jede Rd beginnt mit 1 Lm und endet mit 1 Km in die 1. Lm.

KÖRPER (2 X)

In Flieder mit einfachem Faden, in Sonnengelb mit doppeltem Faden häkeln.

1. R: 17 Lm anschl und ab der 2. Lm von der Nd aus 16 fM häkeln (= 16 M).

2. R: 15 fM, 2 fM in 1 M (= 17 M).

3.–5. R: fM häkeln (= 17 M).

6. R: 16 fM, 2 fM in 1 M (= 18 M).

7. R: 13 fM, den Rest der R unbehäkelt lassen (= 13 M).

8. R: 2 M zus häkeln, 11 fM (= 12 M).

9. R: 10 fM, 2 M zus häkeln (= 11 M).

10. R: 2 M zus häkeln, 9 fM (= 10 M).

11. R: 9 fM, 2 fM in 1 M (= 11 M).

12. R: 2 fM in 1 M; 10 fM (= 12 M).

13. R: 2 M zus häkeln, 9 fM, 2 fM in 1 M; 5 Lm und 1 Wende-Lm (= 17 M).

14. R: 17 fM, 18 Lm und 1 Wende-Lm (= 35 M).

15.–17. R: fM häkeln (= 35 M).

18. R: 34 fM, 2 fM in 1 M (= 36 M).

19. R: 21 fM, 2 hStb, 2 Stb, 2 hStb, 9 fM (= 36 M), abmaschen und wieder am gleichen Punkt wie für die 19. R. ansetzen.

20. R: 21 fM, 2 hStb, 2 Stb, 2 hStb, 3 fM, 1 Km (= 31 M), abmaschen und wieder am gleichen Punkt wie für die 20. R. ansetzen.

21. R: 11 fM, den Rest der R unbehäkelt lassen (= 11 M).

22. R: fM häkeln (= 11 M).

23. R: 2 M zus häkeln, 7 fM, 2 M zus häkeln (= 9 fM).

24. R: 2 M zus häkeln, 5 fM, 2 M zus häkeln (= 7 fM).

25. R: 2 M zus häkeln, 3 fM, 2 M zus häkeln (= 5 fM).

26.–28. R: fM häkeln (= 5 M).

29. R: 2 M zus häkeln, 1 fM, 2 M zus häkeln (= 3 fM).

Abmaschen und die Fäden vernähen.

FLECKEN (12 X)

In Lila mit einfachem Faden, in Mocca mit doppeltem Faden häkeln.

1. Rd: 4 Lm anschl und in die 1. Lm Folgendes häkeln:

* 3 Stb, 1 Km *, von * bis * noch 1 x wdh, 3 Stb, 2 hStb (= 13 M).

Abmaschen und langen Faden zum Festnähen hängen lassen.

HORN (2 X)

In Lila mit einfachem Faden, in Mocca mit doppeltem Faden häkeln.

1. Rd: 2 Lm anschl, in die 1. Lm 6 fM häkeln (= 6 M).

2. Rd: Jede M verdoppeln (= 12 M).

3. Rd: fM häkeln (= 12 M).

4. Rd: Je 2 M zus häkeln (= 6 M).

5.–7. Rd: fM häkeln (= 6 M).

Abmaschen und langen Faden zum Festnähen hängen lassen.

FERTIGSTELLUNG

Um die Körperteile jeweils 1 Rd fM häkeln. Danach beide Giraffenhälften aufeinanderlegen und an den Umrandungen mit Km zusammenhäkeln, indem man durch beide Hälften als Relief von vorne gestochen sticht. Die Hörner, je sechs Flecken auf jeder Seite und die Augen aufsticken. Alle Fäden vernähen.

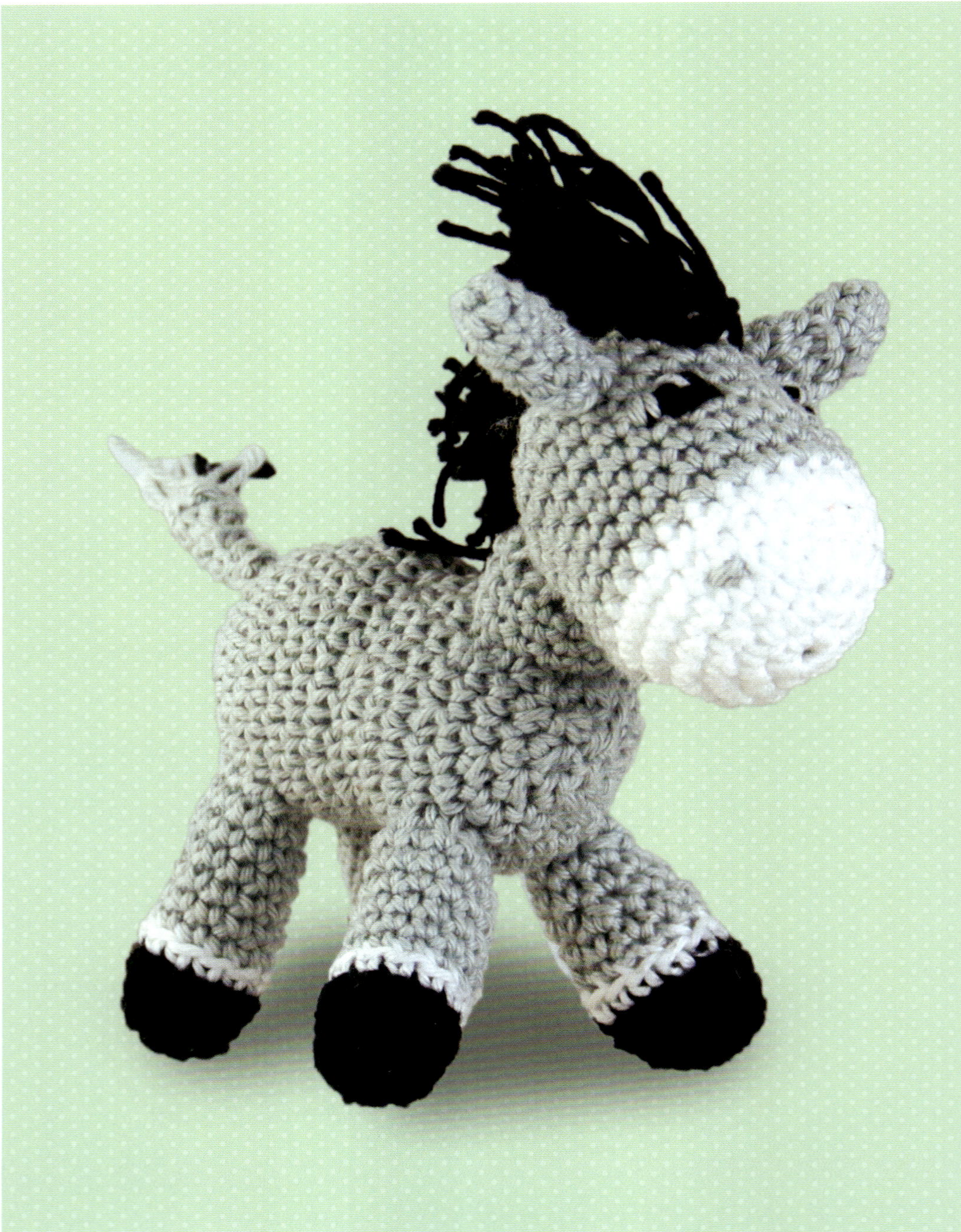

ELMAR ESEL

SCHWIERIGKEITSGRAD ★ ★ ★

♥ MATERIAL

- Schachenmayr Catania (100 % Baumwolle, LL 125 m/50 g) in Silber (Fb 172), 25 g, Reste in Weiß (Fb 106) und Schwarz (Fb 110)
- Häkelnadel 2,5 mm
- Wollnadel
- Füllwatte

♥ GRÖSSE

- 12 cm

♥ LOS GEHT'S

Jede R wird mit 1 Wende-Lm begonnen.
Jede Rd wird mit 1 Steige-Lm begonnen und mit 1 Km in die 1. Lm beendet.

KOPF

In Weiß 2 Lm anschl und in die 1. Lm 6 fM häkeln (= 6 M).

1. Rd: Jede M verdoppeln (= 12 M).

2. Rd: Jede 2. M verdoppeln (= 18 M).

3. Rd: Jede 3. M verdoppeln (= 24 M).

4.–5. Rd: 24 fM häkeln (= 24 M).

6.–12. Rd: In Silber 24 fM häkeln (= 24 M).

Nun den Kopf mit Füllwatte ausstopfen.

13. Rd: Jede 3. und 4. M zus häkeln (= 18 M).

14. Rd: Jede 2. und 3. M zus häkeln (= 12 M).

15. Rd: Je 2 M zus häkeln (= 6 M).

Abmaschen, die Fäden vernähen und dabei die Öffnung zuziehen.

HALS

In Silber 13 Lm anschl und die letzte Lm durch 1 Km mit der 1. Lm verbinden (= 13 M).

1.–3. Rd: 13 fM häkeln (= 14 M).

Abmaschen und einen langen Faden zum Annähen hängen lassen.

KÖRPER

In Silber 2 Lm anschl und in die 1. Lm 6 fM häkeln (= 6 M).

4. Rd: Jede M verdoppeln (= 12 M).

5. Rd: Jede 2. M verdoppeln (= 18 M).

6. Rd: Jede 3. M verdoppeln (= 24 M).

7. Rd: Jede 12. M verdoppeln (= 26 M).

♥ WEITER GEHT'S

8.–9. Rd: 26 fM häkeln (= 26 M).

10. Rd: Jede 12. und 13. M zus häkeln (= 24 M).

11. Rd: Jede 3. und 4. M zus häkeln (= 18 M).

12. Rd: 18 fM häkeln (= 18 M).

13. Rd: Jede 3. M verdoppeln (= 24 M).

14. Rd: Jede 4. M verdoppeln (= 30 M).

15. Rd: Jede 4. und 5. M zus häkeln (= 24 M).

16. Rd: 24 fM häkeln (= 24 M).

Den Körper mit Füllwatte ausstopfen.

17. Rd: Jede 3. und 4. M zus häkeln (= 18 M).

18. Rd: Jede 2. und 3. M zus häkeln (= 12 M).

19. Rd: Je 2 M zus häkeln (= 6 M).

Abmaschen, alle Fäden vernähen und dabei die Öffnung zuziehen.

HINTERBEIN (2 X)

In Schwarz 2 Lm anschl und in die 1. Lm 6 fM häkeln (= 6 M).

1. Rd: Jede M verdoppeln (= 12 M).

2. Rd: 12 fM ihM häkeln (= 12 M).

3. Rd: 12 fM häkeln (= 12 M).

4. Rd: In Weiß 12 fM ihM (= 12 M).

5. Rd: In Grau 12 fM ihM (= 12 M).

6.–10. Rd: 12 fM häkeln (= 12 M).

Abmaschen und einen langen Faden zum Annähen hängen lassen.

VORDERBEIN (2 X)

In Schwarz 2 Lm anschl und in die 1. Lm 6 fM häkeln (= 6 M).

1. Rd: Jede M verdoppeln (= 12 M).

2. Rd: 12 fM ihM häkeln (= 12 M).

3. Rd: 12 fM häkeln (= 12 M).

4. Rd: In Weiß 12 fM ihM häkeln (= 12 M).

5. Rd: In Grau 12 fM ihM häkeln (= 12 M).

6. Rd: 12 fM häkeln (= 12 M).

7. Rd: Jede 5. und 6. M zus häkeln (= 10 M).

8. Rd: 10 fM häkeln (= 10 M).

9. Rd: Jede 4. und 5. M zus häkeln (= 8 M).

10. Rd: 8 fM häkeln (= 8 M).

Abmaschen und einen langen Faden zum Annähen hängen lassen.

OHR (2 X)

In Silber 2 Lm anschl und in die 1. Lm 4 fM häkeln (= 4 M).

1. Rd: Jede 2. M verdoppeln (= 6 M).

2. Rd: 6 fM häkeln (= 6 M).

3. Rd: Jede 3. M verdoppeln (= 8 M).

4. Rd: Jede 3. und 4. M zus häkeln (= 6 M).

5. Rd: Je 2 M zus häkeln (= 3 M).

Abmaschen und einen langen Faden zum Annähen hängen lassen.

SCHWANZ

In Silber 2 Lm anschl und in die 1. Lm 4 fM häkeln (= 4 M).

1.–6. Rd: 4 fM häkeln (= 4 M).

Abmaschen und einen langen Faden zum Annähen hängen lassen.

FERTIGSTELLEN

Den Esel, wie auf dem Modellbild zu sehen, zusammennähen, dabei alle Fäden vernähen: Den Hals am Körper annähen, Füllwatte einlegen und darauf den Kopf befestigen. Die Ohren seitlich am Kopf festnähen und am Hinterkopf 10 cm lange Fäden in Schwarz als Mähne anknüpfen. Die Beine werden mit Füllwatte ausgestopft und am Körper festgenäht. Den Schwanz am Po befestigen und ein paar Fäden in Silber als Haare anknüpfen. Zum Schluss werden die Augen über 2 M Breite in Schwarz mit einem weißen Reflex und die Nasenlöcher in Grau im weißen Bereich des Kopfes aufgestickt.

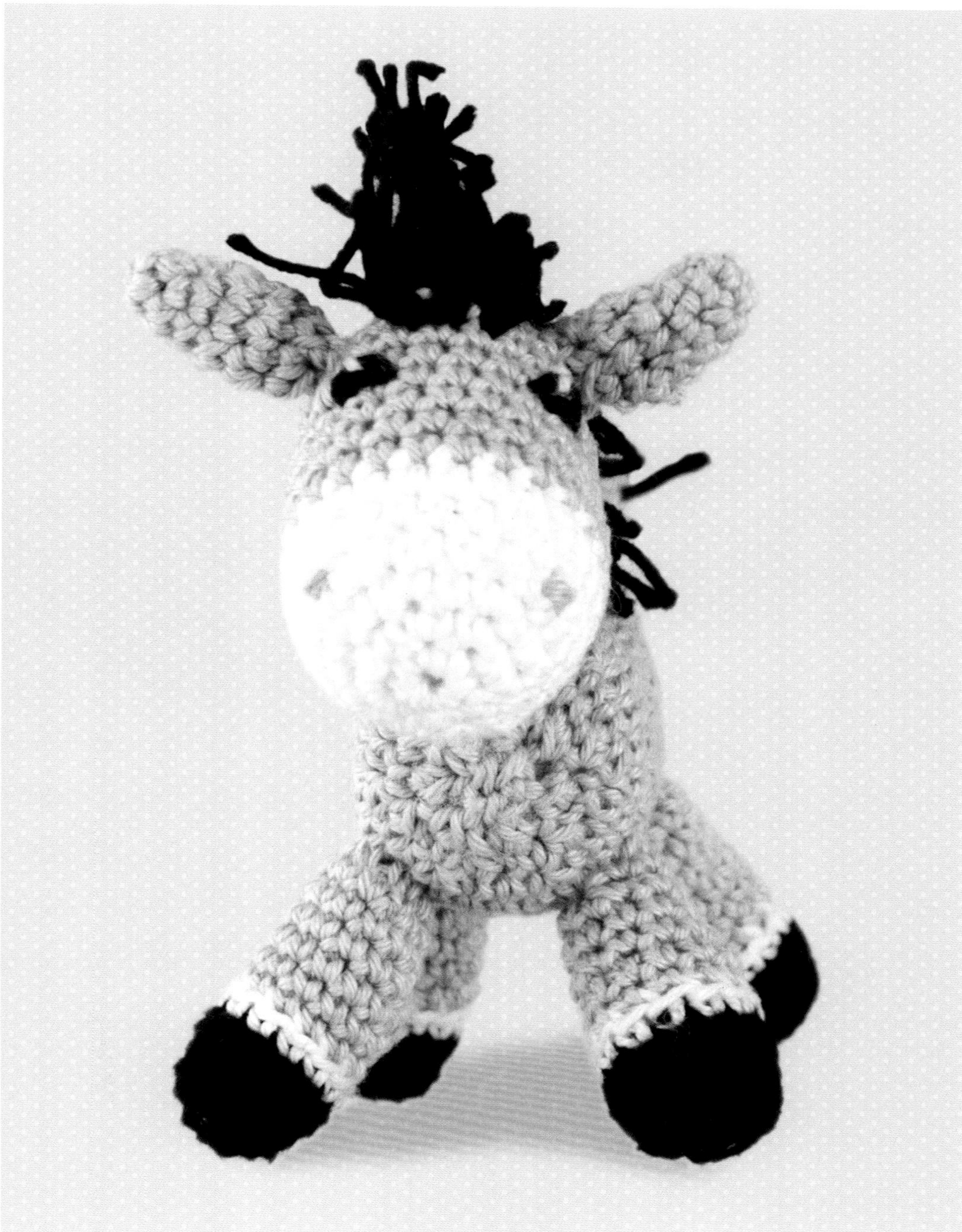

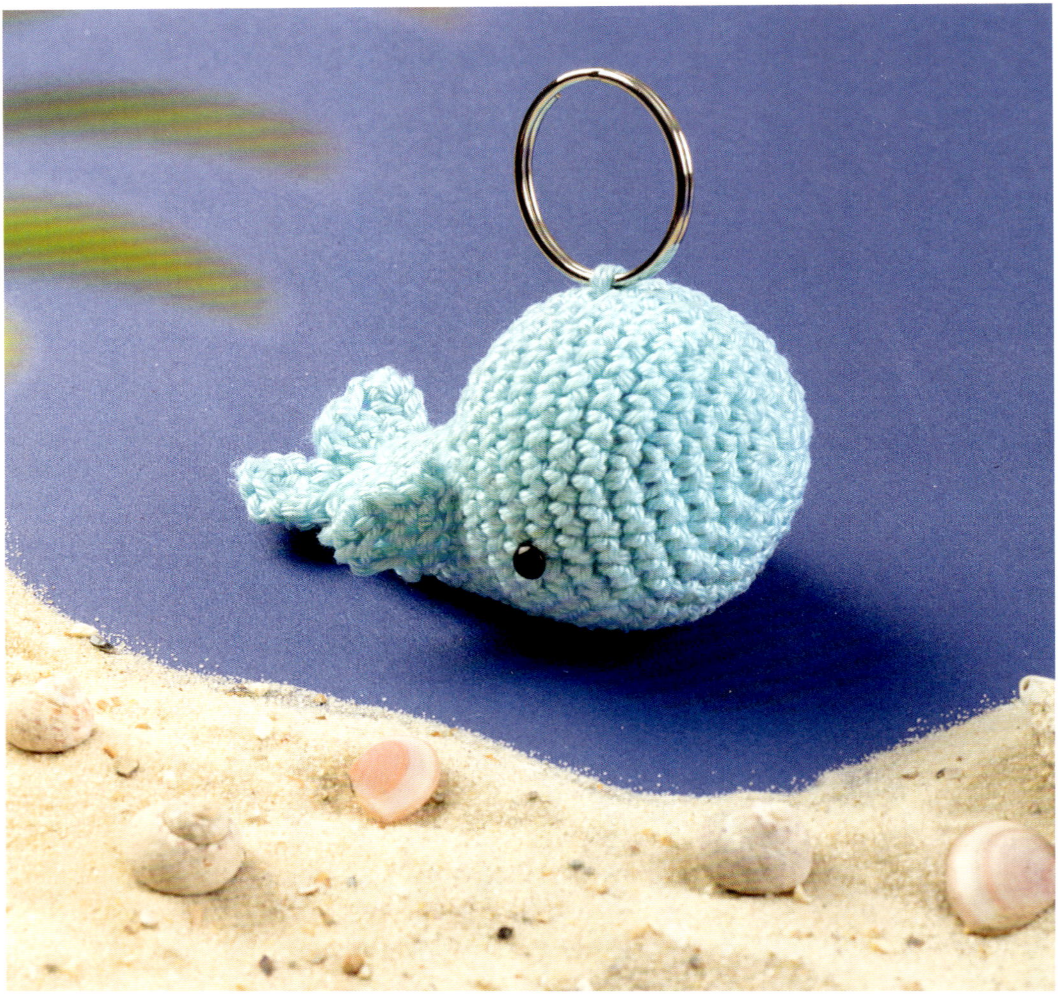

SCHWIERIGKEITSGRAD ★★

♥ MATERIAL

- Woll Butt Camilla (100 % Baumwolle, LL ca. 125 m/50 g): Rest in Aqua (Fb 24039)
- Häkelnadel 3,0 mm
- 2 schwarze Kunststoffaugen mit Ösen zum Annähen, Ø 3 mm
- Füllwatte
- Wollnadel
- 1 Schlüsselring

♥ GRÖSSE

- Ca. 8 cm

WILLI WAL

♥ LOS GEHT'S

Den Körper in Spiral-Rd aus fM von vorne nach hinten häkeln und währenddesen nach und nach mit Füllwatte stopfen. Anschließend die Schwanzflosse in R arbeiten. Die Bauchflossen ebenfalls in R arbeiten. Beim Häkeln in R jede R mit 1 Wende-Lm beginnen.

WALKÖRPER

Einen Magic Ring legen und wie folgt häkeln:

1. Rd: 6 fM.

2. Rd: Jede M verdoppeln (= 12 M).

3. Rd: Jede 2. M verdoppeln (= 18 M).

4. Rd: Jede 3. M verdoppeln (= 24 M).

5. Rd: Jede 4. M verdoppeln (= 30 M).

6.–11. Rd: fM häkeln (= 30 M).

12. Rd: Je 1 fM in die ersten 6 M, * 2 M zus häkeln, 1 fM *, von * bis * noch 5 x wdh, je 1 fM in die letzten 6 M (= 24 M).

13. Rd: fM häkeln (= 24 M).

14. Rd: Je 1 fM in die ersten 6 M, * 2 M zus häkeln, 1 fM *, von * bis * noch 3 x wdh, je 1 fM in die letzten 6 M (= 20 M).

15. Rd: fM häkeln (= 20 M).

16. Rd: Je 1 fM in die ersten 5 M, 5 x je 2 fM zus häkeln, je 1 fM in die letzten 5 M (= 15 M).

17. und 18. Rd: fM häkeln (= 15 M).

19. Rd: Jede 2. und 3. M zus häkeln (= 10 M).

20. Rd: fM häkeln. Dann die M der letzten Rd flach aufeinanderlegen und mit 4 fM zus häkeln, dabei die letzten beiden Rd nur noch leicht mit Füllwatte füllen, damit der Körper zur Schwanzflosse hin flach ausläuft.

Nun die Arbeit wenden und für die **Schwanzflosse** wie folgt in R weiterhäkeln:

1. R: Jede M verdoppeln (= 8 M).

2. R: fM häkeln (= 8 M).

3. R: 3 fM, 2 fM zus häkeln und wenden. Ab hier zuerst den rechten Teil der Schwanzflosse beenden (= 3 M).

4. R: 2 fM zus häkeln, 1 fM (= 2 M).

Den Faden abschneiden, abmaschen und vernähen.

Für den linken Teil der Schwanzflosse den Faden an der viertletzten M der 2. R neu anschlingen und diesen Teil gegengleich zum rechten Teil häkeln, also die ersten beiden fM der 3. Rd und die letzten beiden fM der 4. R zus häkeln.

Den Faden abschneiden, abmaschen und vernähen.

BAUCHFLOSSE (2 X)

4 Lm anschl und wie folgt in R häkeln:

1. R: Ab der 2. Lm nach der Nd fM häkeln (= 3 M).

2. R: fM häkeln, dabei die 1. fM überspringen (= 2 M).

3. R: Wie die 2. R häkeln (= 1 M).

Abmaschen und einen langen Faden zum Annähen hängen lassen.

FERTIGSTELLEN

Die Bauchflossen in Höhe der 11. und 12. Rd jeweils beidseitig der Abn annähen. Die Augen ca. 1 cm vor den Bauchflossen und den Schlüsselring in der oberen Rückenmitte annähen. Alle Fäden vernähen.

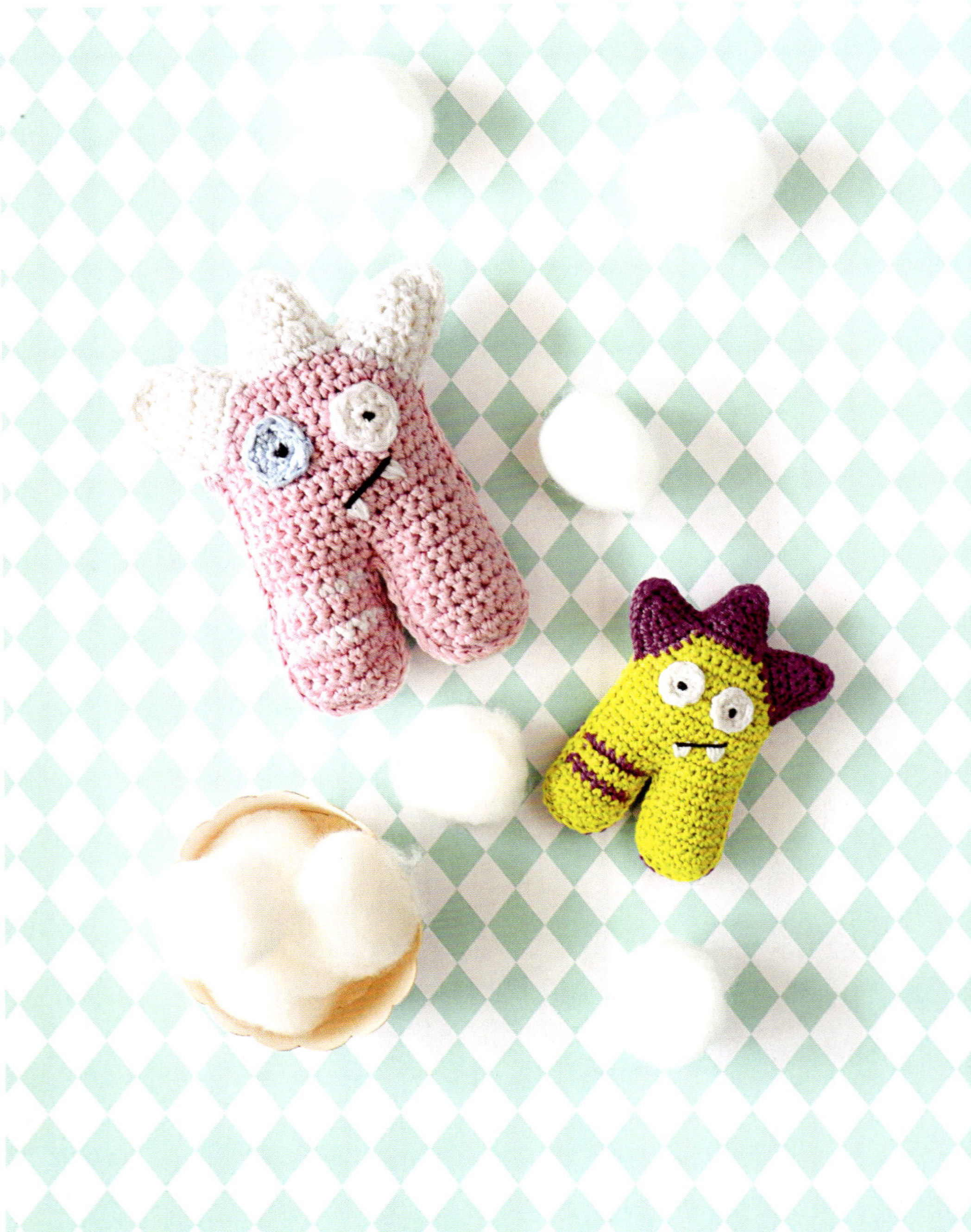

MAX MONSTER

SCHWIERIGKEITSGRAD ★★☆

MATERIAL

Für das kleine Monster:

- Woll Butt Camilla (100 % Baumwolle, LL 125 m/50 g) in Kiwi (fb 10444), 20 g, Reste in Lila (Fb 21876), Weiß (Fb 35432) und Schwarz (Fb 35435)
- Häkelnadel 2,5 mm

Für das große Monster:

- Schachenmayr Catania (100 % Baumwolle, LL 125 m/50 g) in Rosa (Fb 246), 50 g, und ein Rest in Hellblau (Fb 173)
- Woll Butt Camilla (100 % Baumwolle, LL 125 m/50 g) in Weiß (Fb 35432), 10 g, und ein Rest in Schwarz (Fb 35435)
- Häkelnadel 4,0 mm

Für beide Monster:

- Wollnadel
- Füllwatte

GRÖSSE

- Kleines Monster: 9 x 12 cm
- Großes Monster: 13 x 17 cm

LOS GEHT'S

Die Monster und die Hörner werden in R gehäkelt. Jede R beginnt mit 1 Wende-Lm. Die Umrandung und die Augen werden in Rd gehäkelt. Jede Rd beginnt mit 1 Steige-Lm und endet mit 1 Km in die 1. Lm.

VORDERSEITE

1. R: In Kiwi mit einfachem Faden, in Rosa mit doppeltem Faden 9 Lm anschl und ab der 2. Lm von der Nd aus 8 fM häkeln (= 8 M).

2. R: 2 fM in 1 M, 6 fM, 2 fM in 1 M (= 10 M).

3. R: 2 fM in 1 M, 8 fM, 2 fM in 1 M (= 12 M).

4. R: 2 fM in 1 M, 10 fM, 2 fM in 1 M (= 14 M).

5.–12. R: fM häkeln (= 14 M).

Das 1. Bein:

13. R: 7 fM, den Rest der R unbehäkelt lassen (= 7 M).

14. R: fM häkeln (= 7 M).

15. R: In Lila bzw. Weiß fM häkeln (= 7 M).

16.–17. R: In Kiwi bzw. Rosa 7 fM (= 7 M).

18. R: In Lila bzw. Weiß 7 fM (= 7 M).

19.–21. R: In Kiwi bzw. Rosa fM häkeln (= 7 M).

22. R: 2 M zus häkeln, 3 fM, 2 M zus häkeln (= 5 M).

23. R: 2 M zus häkeln, 1 fM, 2 M zus häkeln (= 3 M).

Das zweite Bein wie das erste Bein, jedoch einfarbig, auf die unbehäkelten 7 M der 13. R häkeln.

Abmaschen und die Fäden vernähen.

RÜCKSEITE

1.–12. R: Wie die Vorderseite häkeln.

13. R: In Kiwi bzw. Rosa 7 fM, den Rest der R unbehäkelt lassen (= 7 M).

♥ WEITER GEHT'S

14.–15. R: In Lila bzw. Weiß fM häkeln (= 7 M).

16.–17. R: In Kiwi bzw. Rosa fM häkeln (= 7 M).

18.–19. R: In Lila bzw. Weiß fM häkeln (= 7 M).

20.–21. R: In Kiwi bzw. Rosa fM häkeln (= 7 M).

22. R: In Lila bzw. Weiß 2 M zus häkeln, 3 fM, 2 M zus häkeln (= 5 M).

23. R: 2 M zus häkeln, 1 fM, 2 M zus häkeln (= 3 M).

Das zweite Bein wie das erste Bein, jedoch einfarbig, auf die unbehäkelten 7 M der 13. R häkeln.

Abmaschen und die Fäden vernähen.

HÖRNER

Das 1. und 2. Horn von der 1. bzw. 9. Lm des Anschlags seitlich am Kopf hinunterhäkeln, das 3. Horn zwischen die anderen beiden häkeln.

1. UND 2. HORN

1. R: In Lila mit einfachem Faden bzw. in Weiß mit doppeltem Faden 5 fM häkeln (= 5 M).

2. R: fM häkeln (= 5 M).

3. R: 2 M zus häkeln, 3 fM (= 4 M).

4. R: fM häkeln (= 4 M).

5. R: 2 M zus häkeln, 2 fM (= 3 M).

6. R: 2 M zus häkeln, 1 fM (= 2 M).

7. R: 2 M zus häkeln (= 1 M).

Abmaschen und die Fäden vernähen.

3. HORN

1. R: In Lila mit einfachem Faden bzw. in Weiß mit doppeltem Faden 6 fM häkeln (= 6 M).

2. R: 2 M zus häkeln, 4 fM (= 5 M).

3. R: 2 M zus häkeln, 3 fM (= 4 M).

4. R: 2 M zus häkeln, 2 fM (= 3 M).

5. R: 2 M zus häkeln, 1 fM (= 2 M).

6. R: 2 M zus häkeln (= 1 M)

Abmaschen und die Fäden vernähen.

AUGE (2 X)

Für das kleine Monster mit einfachem Faden, für das große Monster doppeltem Faden häkeln.

1. Rd: 2 Lm anschl, in die 1. Lm 5 fM (= 5 M).

2. Rd: Jede M verdoppeln (= 10 M).

Abmaschen, langen Faden zum Annähen hängen lassen.

FERTIGSTELLUNG

Um die Vorder- und Rückseiten jeweils 1 Rd fM häkeln. Zwischen den Beinen und den Hörnern jeweils 1 M überspringen. Danach beide Monsterhälften aufeinanderlegen und an den Umrandungen mit Km zusammenhäkeln, indem man durch beide Hälften als Relief von vorne gestochen sticht. Kurz vor dem finalen Verschließen den Körper mit Füllwatte ausstopfen. Den Mund, die Zähne und die Augen auf den Kopf und die Pupillen im Knötchenstich mittig auf die Augen sticken. Alle Fäden vernähen.

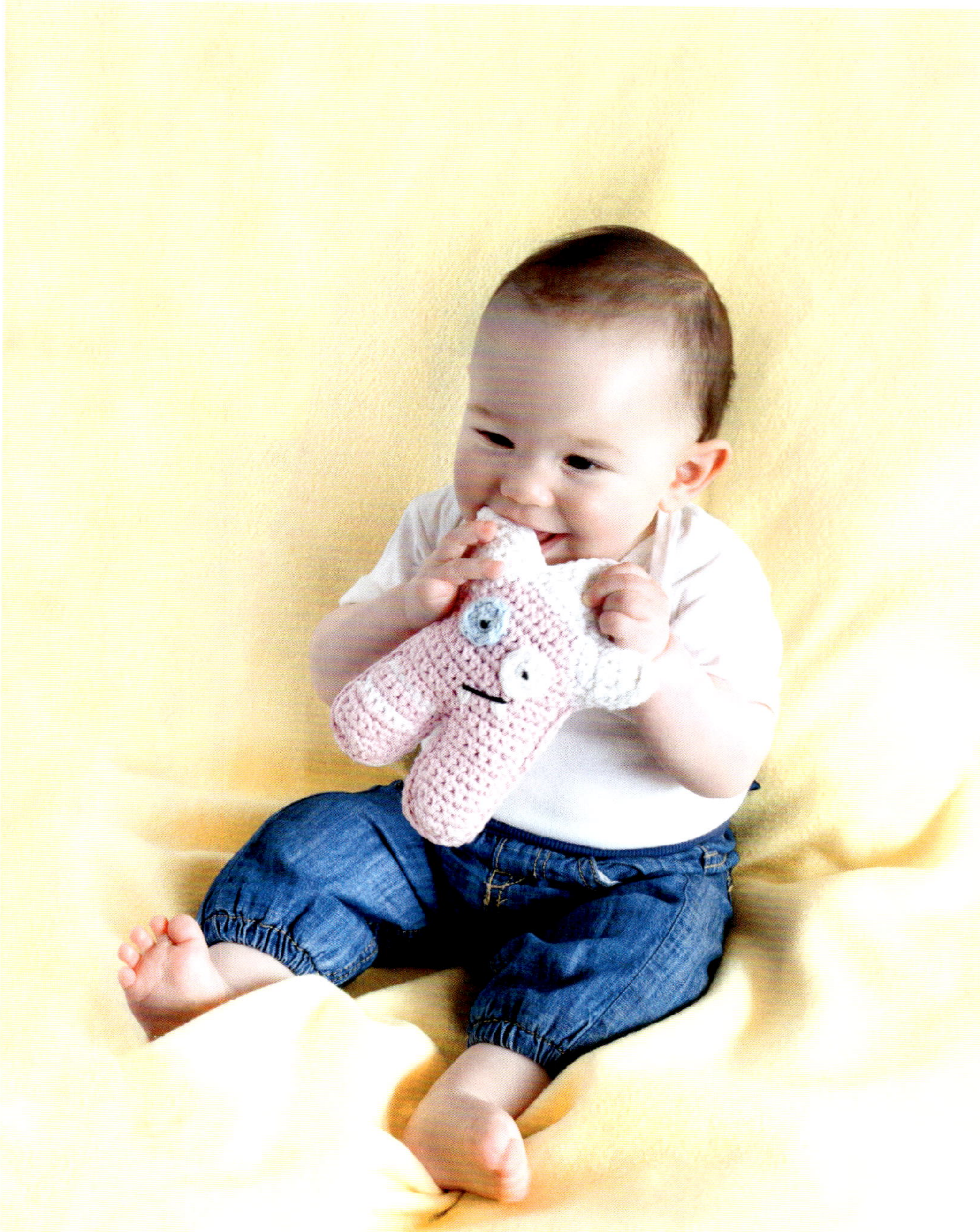

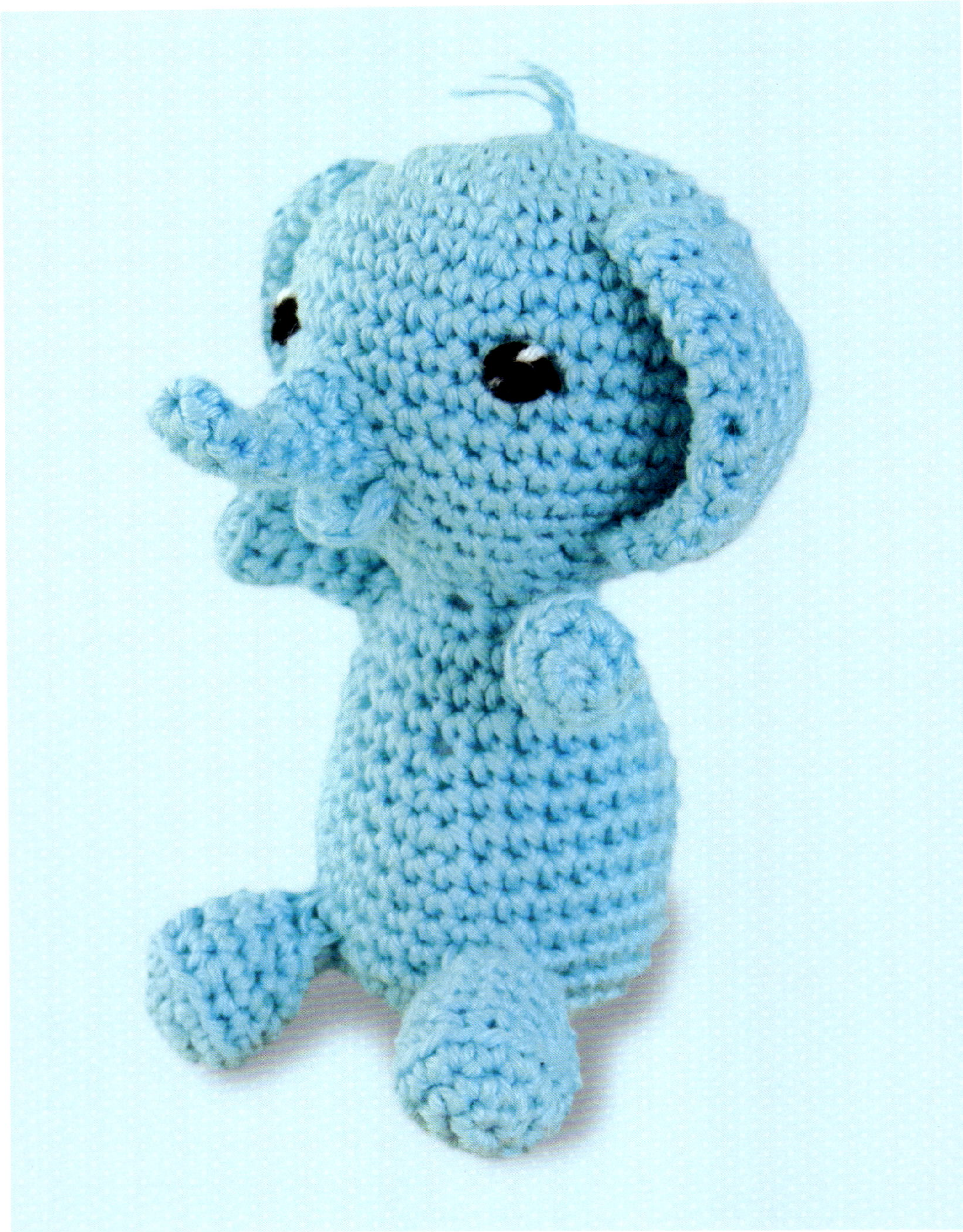

ELLA ELEFANT

SCHWIERIGKEITSGRAD ★★☆

MATERIAL

- Schachenmayr Catania (100 % Baumwolle, LL 125 m/50 g) in Türkis (Fb 397), 20 g, Reste in Weiß (Fb 106) und Schwarz (Fb 110)
- Häkelnadel 2,5 mm
- Wollnadel
- Füllwatte

GRÖSSE

- 12 cm

LOS GEHT'S

Jede R wird mit 1 Wende-Lm begonnen.
Jede Rd wird mit 1 Steige-Lm begonnen und mit 1 Km in die 1. Lm beendet.

KOPF UND KÖRPER

In Türkis 2 Lm anschl und in die 1. Lm 6 fM häkeln (= 6 M).

1. Rd: Jede M verdoppeln (= 12 M).

2. Rd: Jede 2. M verdoppeln (= 18 M).

3. Rd: Jede 3. M verdoppeln (= 24 M).

4. Rd: Jede 4. M verdoppeln (= 30 M).

5. Rd: Jede 5. M verdoppeln (= 36 M).

6. Rd: Jede 6. M verdoppeln (= 42 M).

7.–12. Rd: 42 fM häkeln (= 42 M).

13. Rd: Jede 6. und 7. M zus häkeln (= 36 M).

14. Rd: Jede 5. und 6. M zus häkeln (= 30 M).

15. Rd: Jede 4. und 5. M zus häkeln (= 24 M).

Den Kopf mit Füllwatte ausstopfen.

16. Rd: Jede 3. und 4. M zus häkeln (= 18 M).

17. Rd: Jede 2. und 3. M zus häkeln (= 12 M).

18. Rd: Jede 2. M verdoppeln (= 18 M).

19. Rd: Jede 3. M verdoppeln (= 24 M).

20.–21. Rd: 24 fM häkeln (= 24 M).

22. Rd: Jede 12. M verdoppeln (= 26 M).

23. Rd: Jede 13. M verdoppeln (= 28 M).

24. Rd: Jede 14. M verdoppeln (= 30 M).

25.–29. Rd: 30 fM häkeln (= 30 M).

30. Rd: Jede 4. und 5. M zus häkeln (= 24 M).

♥ WEITER GEHT'S

Den Körper mit Füllwatte ausstopfen.

31. Rd: Jede 3. und 4. M zus häkeln (= 18 M).

32. Rd: Jede 2. und 3. M zus häkeln (= 12 M).

33. Rd: Je 2 M zus häkeln (= 6 M).

Abmaschen, die Fäden vernähen und dabei die Öffnung zuziehen.

RÜSSEL

In Türkis 2 Lm anschl und in die 1. Lm 6 fM häkeln (= 6 M).

1.–3. Rd: 6 fM häkeln (= 6 M).

4. Rd: Jede 3. M verdoppeln (= 8 M).

5. Rd: 8 fM häkeln (= 8 M).

6. Rd: Jede 4. M verdoppeln (= 10 M).

Abmaschen und einen langen Faden zum Annähen hängen lassen.

OHR (2 X)

In Türkis 2 Lm anschl und in die 1. Lm 6 fM häkeln (= 6 M).

1. Rd: Jede M verdoppeln (= 12 M).

2. Rd: Jede 2. M verdoppeln (= 18 M).

3. Rd: Jede 3. M verdoppeln (= 24 M).

4. Rd: Jede 4. M verdoppeln (= 30 M).

5. Rd: Jede 5. M verdoppeln (= 36 M).

6. Rd: Jede 6. M verdoppeln (= 42 M).

Abmaschen und einen langen Faden zum Annähen hängen lassen.

MUND

In Türkis 2 Lm anschl und in die 1. Lm 5 fM häkeln (= 5 M).

Abmaschen und Faden zum Annähen hängen lassen.

BEIN (2 X)

In Türkis 2 Lm anschl und in die 1. Lm 6 fM häkeln (= 6 M).

1. Rd: Jede M verdoppeln (= 12 M).

2. Rd: Jede 2. M verdoppeln (= 18 M).

3. Rd: Jede 2. und 3. M zus häkeln ihM (= 12 M).

4. Rd: 12 fM häkeln (= 12 M).

5. Rd: Jede 5. und 6. M zus häkeln (= 10 M).

6. Rd: Jede 4. und 5. M zus häkeln (= 8 M).

Abmaschen und einen langen Faden zum Annähen hängen lassen.

ARM (2 X)

In Türkis 2 Lm anschl und in die 1. Lm 6 fM häkeln (= 6 M).

1. Rd: Jede M verdoppeln (= 12 M).

2. Rd: 12 fM ihM häkeln (= 12 M).

3.–6. Rd: 12 fM häkeln (= 12 M).

Abmaschen und einen langen Faden zum Annähen hängen lassen.

FERTIGSTELLEN

Den Elefanten, wie auf dem Modellbild zu sehen, zusammennähen, dabei alle Fäden vernähen: Die Ohren seitlich oben am Kopf, den Rüssel vorne und den Mund unter dem Rüssel festnähen.
Die Arme dicht unterhalb des Kopfes seitlich am Körper annähen und die Beine unten am Körper befestigen. Für das Schwänzchen werden 4 Lm gehäkelt, die man mit einem Ende am Po des Elefanten befestigt, während man beim anderen Ende die Fäden aufribbelt.
1–2 Rd oberhalb des Rüssels werden in Schwarz über 2 M Breite die Augen aufgestickt. In Weiß Reflexe auf die Augen sticken. Zum Schluss eventuell noch 3 Haare auf den Kopf sticken.

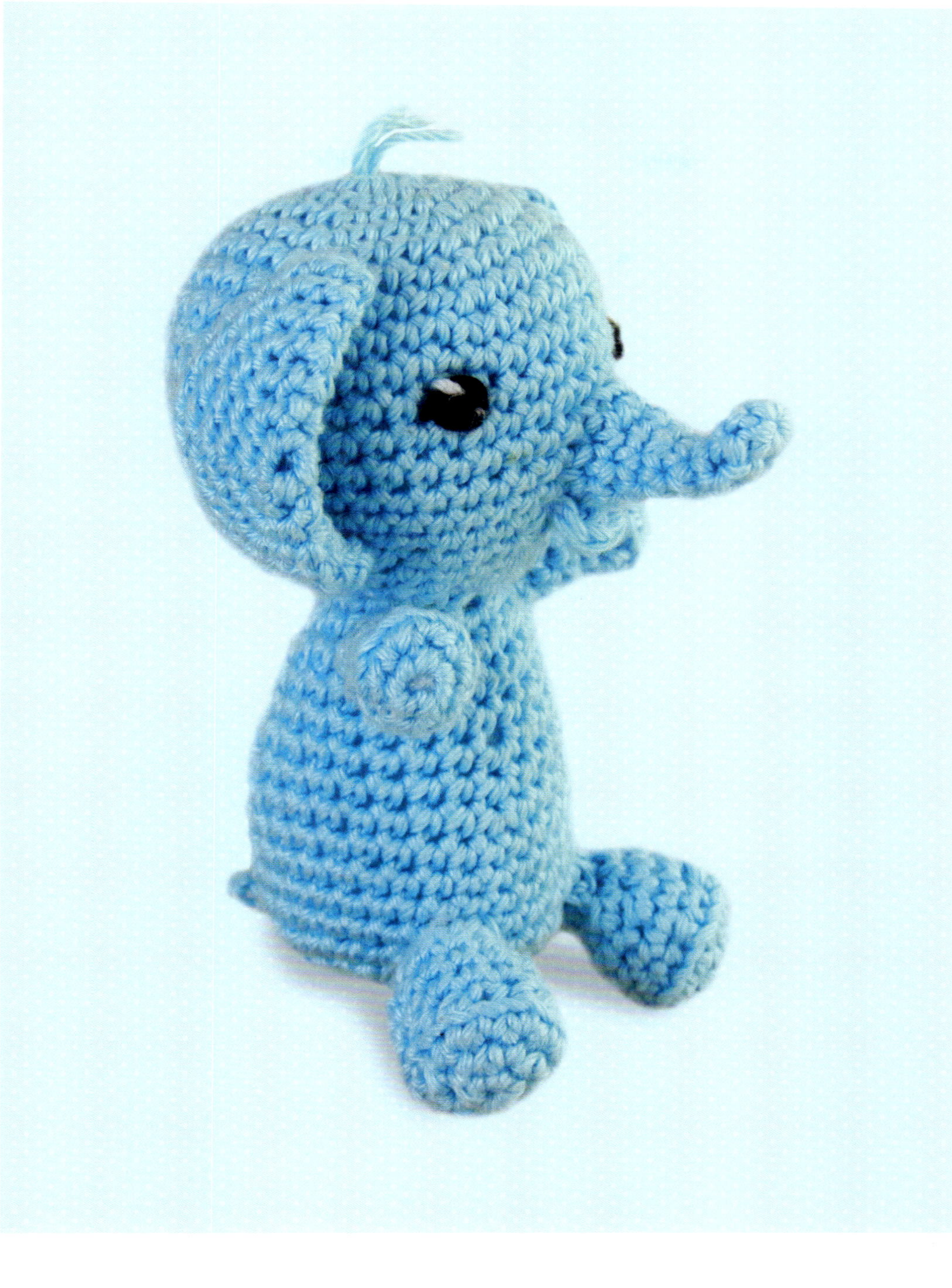

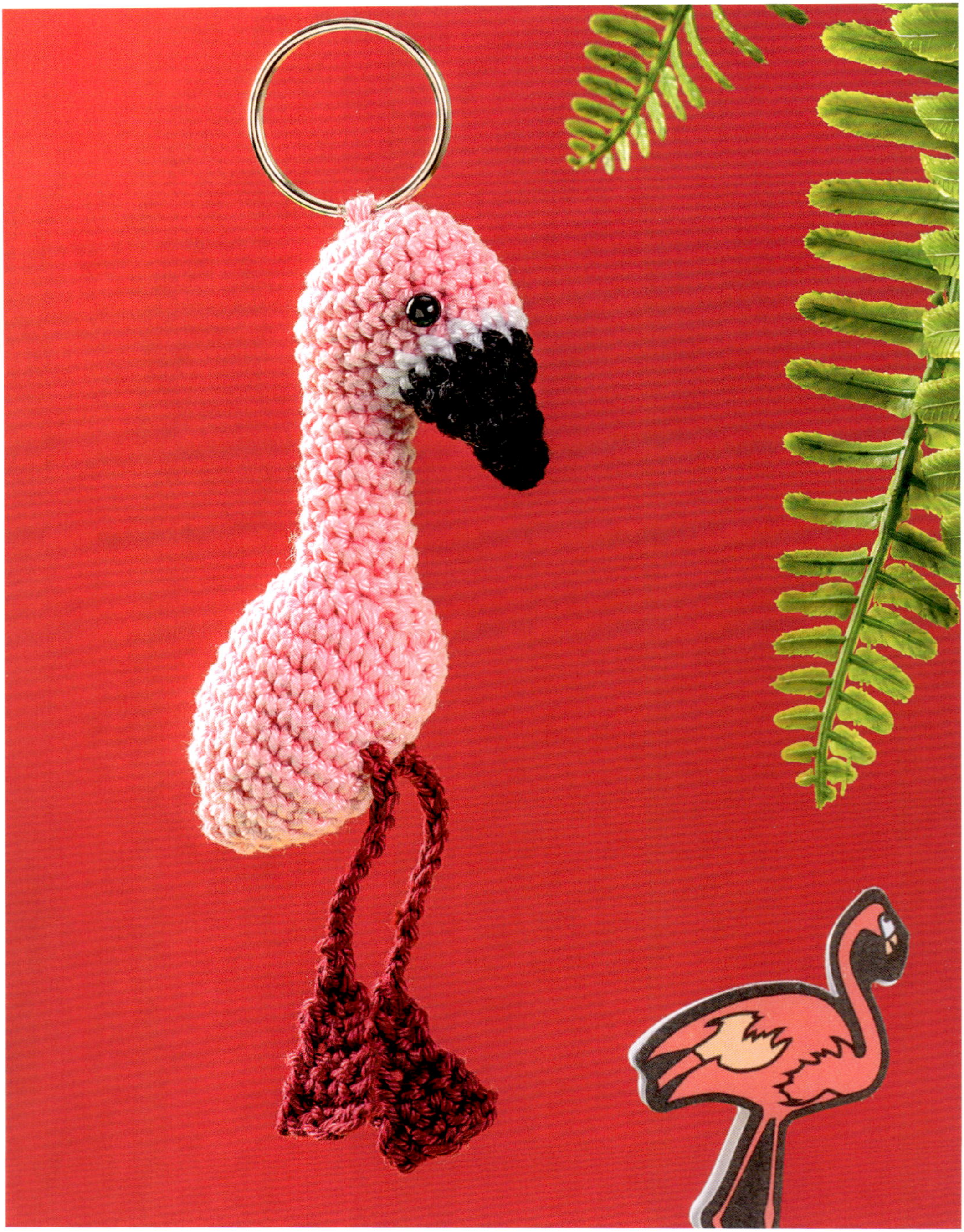

FIONA FLAMINGO

SCHWIERIGKEITSGRAD ★★☆

MATERIAL

- Woll Butt Camilla (100 % Baumwolle, LL ca. 125 m/50 g): Reste in Rosa (Fb 35437), Bordeaux (Fb 35980), Weiß (Fb 35432) und Schwarz (Fb 35435)
- Häkelnadel 3,0 mm
- 2 schwarze Kunststoffaugen mit Ösen zum Annähen, Ø 3 mm
- Füllwatte
- Wollnadel
- 1 Schlüsselring

GRÖSSE

- Ca. 13 cm

LOS GEHT'S

Den Kopf mit Hals, Körper und Schnabel in Spiral-Rd häkeln, dabei die Teile während des Häkelns nach und nach mit Füllwatte stopfen. Die Füße und den Halszwickel in R häkeln, dabei jede R mit 1 Wende-Lm beginnen.

KOPF MIT HALS, KÖRPER UND SCHNABEL

Für den **Kopf** in Rosa einen Magic Ring legen und wie folgt häkeln:

1. Rd: 6 fM.

2. Rd: Jede M verdoppeln (= 12 M).

3. Rd: Jede 2. M verdoppeln (= 18 M).

4.–7. Rd: fM häkeln (= 18 M).

8. Rd: Für den Hals 7 fM und 2 Lm häkeln und den Rest der Rd unbehäkelt lassen.

9. Rd: Für die 1. fM in die 1. fM der 8. Rd einstechen und somit die Hals-M zur Rd schließen, je 1 fM in die folgenden 6 fM und je 1 fM in die beiden Lm häkeln (= 9 M). In die entstandene Öffnung wird später der Schnabel gehäkelt.

10.–17. Rd: fM häkeln (= 9 M).

Für den **Halszwickel** wie folgt in R weiterhäkeln:

1. R: 4 fM häkeln.

2. R: fM häkeln, dabei die 1. M überspringen (= 3 M).

3. und 4. R: Wie die 2. R häkeln (= 1 M).

Diese fM bildet die 1. fM für den Körper.

Für den **Körper** nun wie folgt in Rd weiterhäkeln:

1. Rd: Die 1. fM vom Halszwickel ist bereits vorhanden, nun gleichmäßig verteilt über den rechten seitlichen Rand des Halszwickels, über die restlichen 5 fM des Halses und über den linken seitlichen Rand des Halszwickels 19 fM häkeln (= 20 M).

♥ WEITER GEHT'S

2.–7. Rd: fM häkeln (= 20 M).

8. Rd: Jede 3. und 4. M zus häkeln (= 15 M).

9. Rd: fM häkeln (= 15 M).

10. Rd: Jede 2. und 3. M zus häkeln (= 10 M).

11. Rd: Je 2 M zus häkeln (= 5 M).

Den Faden lang abschneiden, abmaschen und evtl. noch etwas Füllwatte nachstopfen. Dann die M der letzten Rd mit dem Faden zusammenziehen und diesen vernähen.

Anschließend in Weiß für den **Schnabel** den Faden an der verbliebenen Öffnung am Kopf neu anschlingen und wie folgt in Rd weiterhäkeln:

1. Rd: Je 1 fM in die noch unbehäkelten 11 Kopf-fM, je 1 fM in die für den Hals neu angeschlagenen beiden Lm (= 13 M). Zu Schwarz wechseln.

2. Rd: fM häkeln (= 13 M).

3. Rd: Jede 2. und 3. M zus häkeln (= 9 M).

4. Rd: Jede 2. und 3. M zus häkeln (= 6 M).

5. Rd: Je 2 M zus häkeln (= 3 M).

Den Faden lang abschneiden, abmaschen und evtl. noch etwas Füllwatte nachstopfen. Dann die M der letzten Rd mit dem Faden zusammenziehen und diesen vernähen.

FÜSSE MIT BEINEN (2 X)

In Bordeaux 4 Lm anschl und für den **Fuß** wie folgt in R häkeln:

1. R: Ab der 2. Lm nach der Nd fM häkeln (= 3 M).

2. R: fM häkeln, dabei die 1. fM überspringen (= 2 M).

3. R: Wie die 2. R häkeln (= 1 fM).

Anschließend für das **Bein** noch 10 Lm häkeln.

Abmaschen und einen langen Faden zum Annähen hängen lassen.

FERTIGSTELLEN

Den Flamingo, wie auf dem Modellbild zu sehen, zusammennähen: Die Beine in der unteren Bauchmitte an den Körper nähen, dabei zwischen den Beinen ca. 1 cm Abstand lassen. Die Augen beidseitig am Kopf innerhalb der zweiten rosafarbenen Rd ab dem Schnabel anbringen. In der oberen Kopfmitte den Schlüsselring annähen. Alle Fäden vernähen.

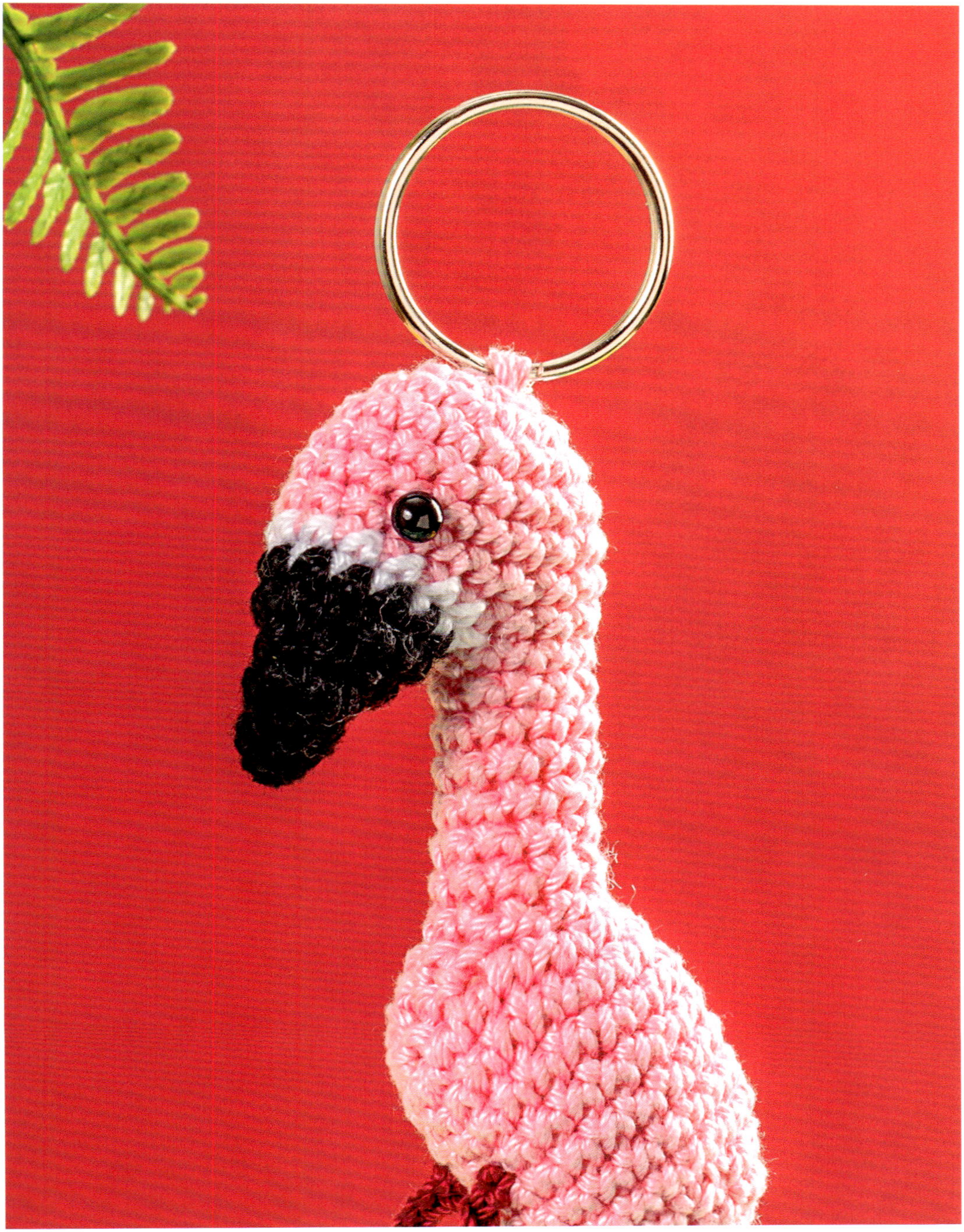

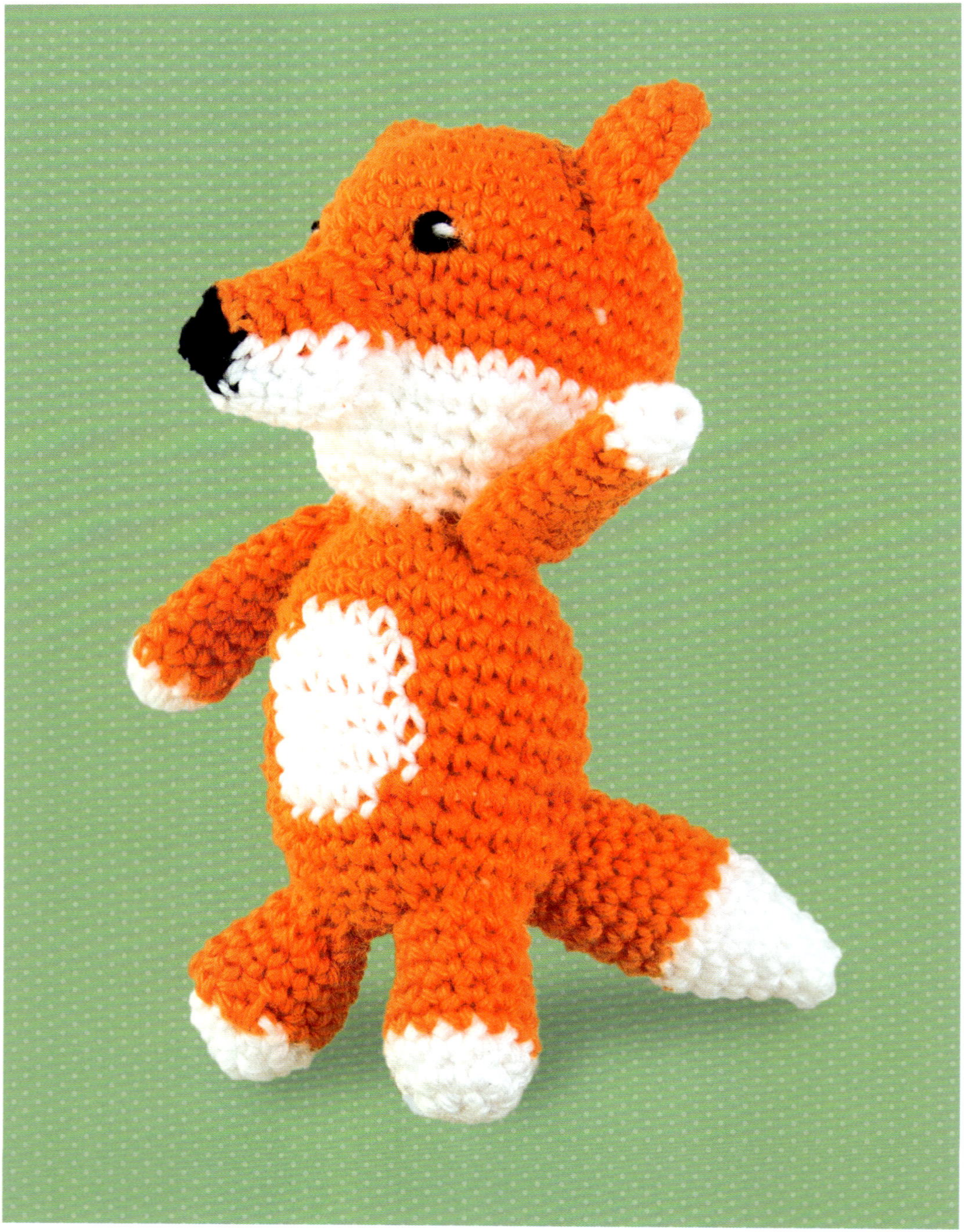

FRIDOLIN FUCHS

SCHWIERIGKEITSGRAD ★★☆

MATERIAL

- Schachenmayr Catania (100 % Baumwolle, LL 125 m/50 g) in Orange (Fb 281), 20 g, in Weiß (Fb 106), 10 g und einen Rest in Schwarz (Fb 110)
- Häkelnadel 2,5 mm
- Wollnadel
- Füllwatte

GRÖSSE

- 14 cm

LOS GEHT'S

Jede R wird mit 1 Wende-Lm begonnen.
Jede Rd wird mit 1 Steige-Lm begonnen und mit 1 Km in die 1. Lm beendet.

KOPF UND KÖRPER

In Orange 2 Lm anschl und in die 1. Lm 6 fM häkeln (= 6 M).

1. Rd: Jede M verdoppeln (= 12 M).

2. Rd: Jede 2. M verdoppeln (= 18 M).

3. Rd: Jede 3. M verdoppeln (= 24 M).

4. Rd: Jede 4. M verdoppeln (= 30 M).

5. Rd: Jede 5. M verdoppeln (= 36 M).

6. Rd: Jede 6. M verdoppeln (= 42 M).

7.–11. Rd: 42 fM häkeln (= 42 M).

12. Rd: In Weiß 42 fM häkeln (= 42 M).

13. Rd: Jede 6. und 7. M zus häkeln (= 36 M).

14. Rd: Jede 5. und 6. M zus häkeln (= 30 M).

15. Rd: Jede 4. und 5. M zus häkeln (= 24 M).

Den Kopf mit Füllwatte ausstopfen.

16. Rd: Jede 3. und 4. M zus häkeln (= 18 M).

17. Rd: Jede 2. und 3. M zus häkeln (= 12 M).

18. Rd: In Orange jede 2. M verdoppeln (= 18 M).

19. Rd: Jede 3. M verdoppeln (= 24 M).

20. Rd: Jede 4. M verdoppeln (= 30 M).

21. Rd: 30 fM häkeln (= 30 M).

♥ WEITER GEHT'S

22. Rd: In Orange 13 fM, in Weiß 4 fM, in Orange 13 fM häkeln (= 30 M).

23. Rd: In Orange 12 fM, in Weiß 6 fM, in Orange 12 fM häkeln (= 30 M).

24.–25. Rd: In Orange 13 fM, in Weiß 6 fM, in Orange 11 fM häkeln (= 30 M).

26. Rd: In Orange 14 fM, in Weiß, 4 fM, in Orange 12 fM häkeln (= 30 M).

27. Rd: In Orange 30 fM häkeln (= 30 M).

28. Rd: Jede 4. und 5. M zus häkeln (= 24 M).

Den Körper mit Füllwatte ausstopfen.

29. Rd: Jede 3. und 4. M zus häkeln (= 18 M).

30. Rd: Jede 2. und 3. M zus häkeln (= 12 M).

31. Rd: Je 2 M zus häkeln (= 6 M).

Abmaschen, alle Fäden vernähen und dabei die Öffnung zuziehen.

SCHNAUZE

In Schwarz 2 Lm anschl und in die 1. Lm 4 fM häkeln (= 4 M).

1. Rd: Alle M dieser Rd ihM häkeln: * in Weiß 2 fM in 1 M *, von * bis * insgesamt 2 x wdh, * in Orange 2 fM in 1 M *, von * bis * insgesamt 2 x wdh (= 8 M).

2. Rd: In Weiß 3 fM, 1 M verdoppeln, in Orange 3 fM, 1 M verdoppeln (= 10 M).

3. Rd: In Weiß 4 fM, 1 M verdoppeln, in Orange 4 fM, 1 M verdoppeln (= 12 M).

4. Rd: In Weiß 5 fM, 1 M verdoppeln, in Orange 5 fM, 1 M verdoppeln (= 14 M).

5. Rd: 14 fM häkeln (= 14 M).

Abmaschen und einen langen Faden zum Annähen hängen lassen.

ARM (2 X)

In Weiß 2 Lm anschl und in die 1. Lm 6 fM häkeln (= 6 M).

1. Rd: Jede 3. M verdoppeln (= 8 M).

2.–10. Rd: In Orange 8 fM (= 8 M).

Abmaschen und einen langen Faden zum Annähen hängen lassen.

BEIN (2 X)

In Weiß 2 Lm anschl und in die 1. Lm 6 fM häkeln (= 6 M).

1. Rd: Jede M verdoppeln (= 12 M).

2. Rd: 12 fM häkeln (= 12 M).

3.–7. Rd: In Orange 12 fM häkeln (= 12 M).

Abmaschen und einen langen Faden zum Annähen hängen lassen.

OHR (2 X)

In Orange 2 Lm anschl und in die 1. Lm 4 fM häkeln (= 4 M).

1. Rd: Jede 2. M verdoppeln (= 6 M).

2. Rd: Jede 3. M verdoppeln (= 8 M).

3. Rd: Jede 4. M verdoppeln (= 10 M).

4. Rd: Jede 5. M verdoppeln (= 12 M).

Abmaschen und einen langen Faden zum Annähen hängen lassen.

SCHWANZ

In Weiß 2 Lm anschl und in die 1. Lm 4 fM häkeln (= 4 M).

1. Rd: Jede 2. M verdoppeln (= 6 M).

2. Rd: Jede 3. M verdoppeln (= 8 M).

3. Rd: Jede 4. M verdoppeln (= 10 M).

4. Rd: Jede 5. M verdoppeln (= 12 M).

5. Rd: Jede 6. M verdoppeln (= 14 M).

6.–15. Rd: In Orange 14 fM häkeln (= 14 M).

16. Rd: Jede 6. und 7. M zus häkeln (= 12 M).

17. Rd: Jede 5. und 6. M zus häkeln (= 10 M).

Abmaschen und einen langen Faden zum Annähen hängen lassen.

FERTIGSTELLEN

Den Fuchs, wie auf dem Modellbild zu sehen, zusammensetzen, dabei alle Fäden vernähen: Die Arme seitlich oben am Körper annähen und die Beine, mit Füllwatte ausgestopft, unten am Körper festnähen. Den Schwanz an der Hinterseite befestigen. Die Schnauze wird mit Füllwatte ausgestopft und vorne am Kopf angenäht, die Ohren seitlich.
Zum Schluss die Augen in Schwarz über 2 M Breite aufsticken und in diese in Weiß einen Reflex setzen.

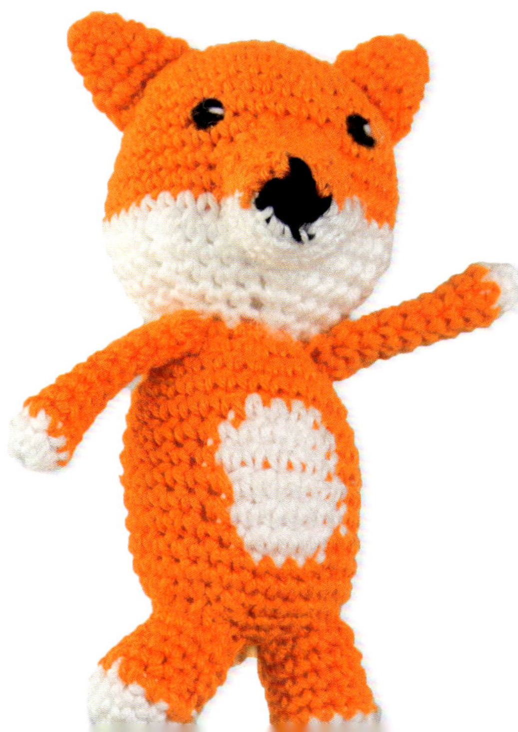

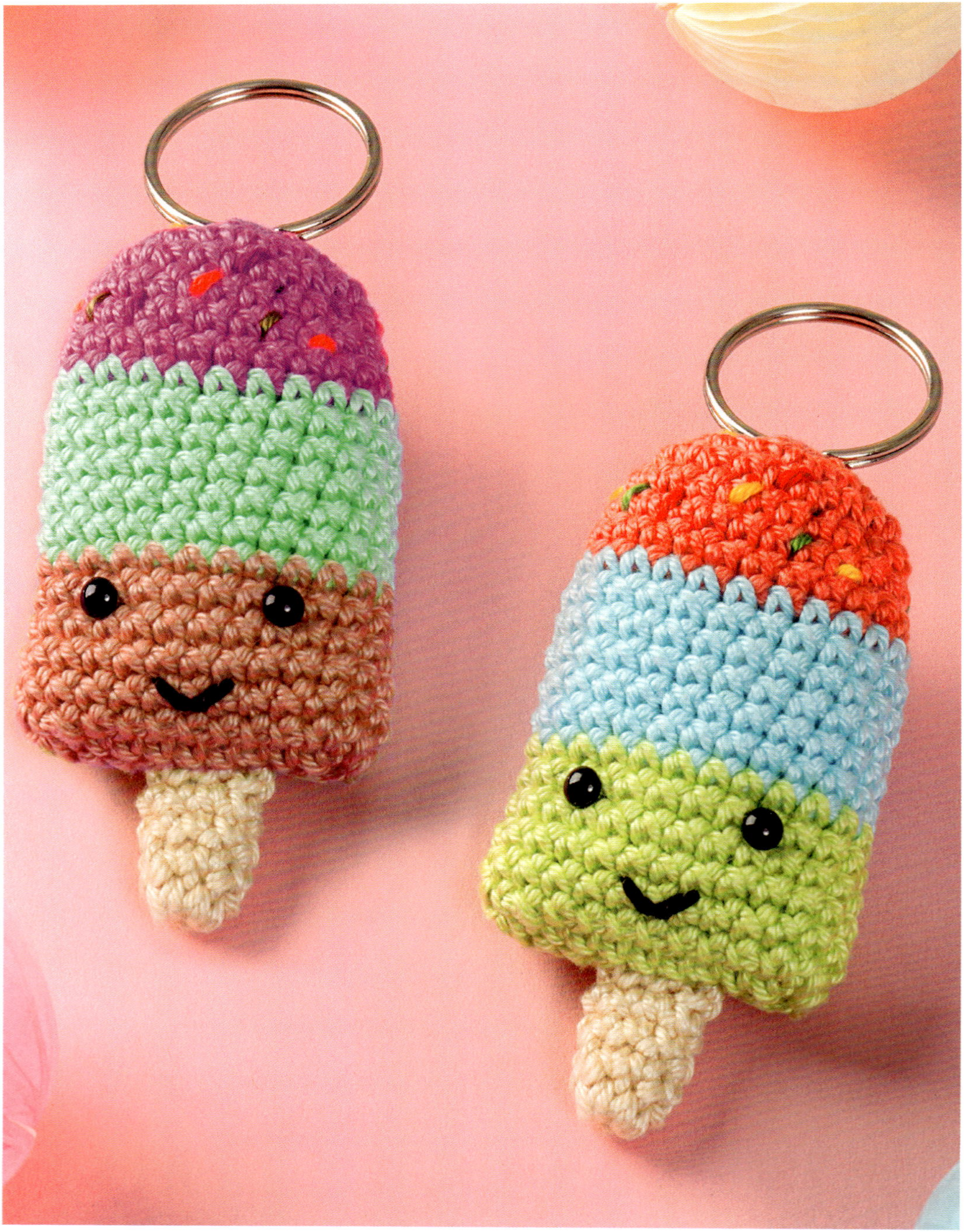

EMIL EIS

SCHWIERIGKEITSGRAD ★

MATERIAL FÜR EIN EIS

- Woll Butt Camilla (100% Baumwolle, LL ca. 125 m/50 g): jeweils Reste in Lachs (Fb 11578), Aqua (Fb 24039), Hellgrün (Fb 35438), Beige (Fb 35806), Schwarz (Fb 35435), Rot (Fb 35442), Grün (Fb 35933) und Gelb (Fb 35436)
- Häkelnadel 3,0 mm
- 2 schwarze Kunststoffaugen mit Ösen zum Annähen, Ø 3 mm
- Wollnadel
- Füllwatte
- 1 Schlüsselring

GRÖSSE

- Ca. 4 x 8 cm

HINWEIS

- Die Anleitung beschreibt ein Eis in den Farben Lachs, Aqua und Hellgrün. Es können beliebige Fb verwendet werden.

LOS GEHT'S

Das Eis in Spiral-Rd häkeln und während des Häkelns mit Füllwatte ausstopfen.

EIS

In Lachs einen Magic Ring legen und wie folgt häkeln:

1. Rd: 8 fM.

2. Rd: Jede M verdoppeln (= 16 M).

3. Rd: Jede 2. M verdoppeln (= 24 M).

4.–6. Rd: fM häkeln (= 24 M).

7.–12. Rd: Zu Aqua wechseln, fM häkeln (=24 M).

13.–17. Rd: Zu Hellgrün wechseln, fM häkeln (= 24 M).

Anschließend für die Unterseite 8 fM häkeln, wenden, 1 Wende-Lm und noch 1 x 8 fM häkeln. Den Faden lang abschneiden und evtl. noch etwas Füllwatte nachstopfen. Dann die Unterseite über die noch verbliebene Öffnung klappen und die 3 noch offenen Seiten annähen.

STIEL

In Beige einen Magic Ring legen und wie folgt häkeln:

1. Rd: 7 fM.

2.–4. Rd: fM häkeln (= 7 M).

Den Faden lang abschneiden, abmaschen und den Stiel damit mittig an die Unterseite nähen.

FERTIGSTELLEN

Die Augen in Höhe der 2. hellgrünen Rd aufnähen, dabei zwischen beiden Augen ca. 1,5 cm Abstand lassen. Den Mund in Schwarz 3 Rd tiefer mit Spannstichen mittig aufsticken.
Zum Schluss für die Streusel die lachsfarbene Fläche unregelmäßig verteilt in Gelb, Rot und Grün mit ca. 0,5 cm langen Spannstichen besticken und den Schlüsselring annähen. Alle Fäden vernähen.

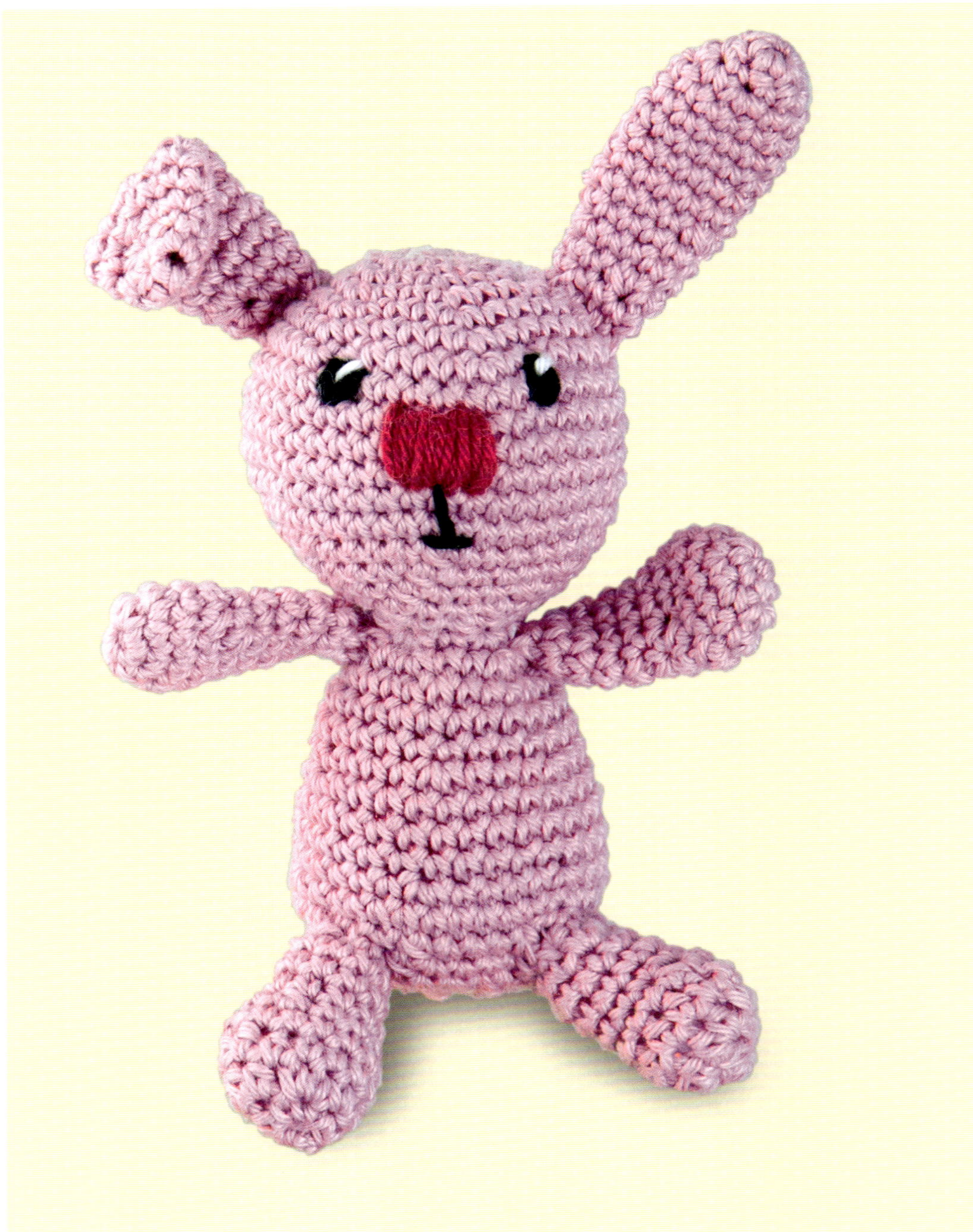

HELLA HASE

SCHWIERIGKEITSGRAD ★★☆

♥ MATERIAL

- Schachenmayr Catania (100 % Baumwolle, LL 125 m/50 g) in Rosa (Fb 246), 20 g, in Weiß (Fb 106) 10 g, Reste in Schwarz (Fb 110) und Cyclam (Fb 114)
- Häkelnadel 2,5 mm
- Wollnadel
- Füllwatte

♥ GRÖSSE

- 14 cm

♥ LOS GEHT'S

Jede R wird mit 1 Wende-Lm begonnen.
Jede Rd wird mit 1 Steige-Lm begonnen und mit 1 Km in die 1. Lm beendet.

KOPF UND KÖRPER

In Rosa 2 Lm anschl und in die 1. Lm 6 fM häkeln (= 6 M).

1. Rd: Jede M verdoppeln (= 12 M).

2. Rd: Jede 2. M verdoppeln (= 18 M).

3. Rd: Jede 3. M verdoppeln (= 24 M).

4. Rd: Jede 4. M verdoppeln (= 30 M).

5. Rd: Jede 5. M verdoppeln (= 36 M).

6. Rd: Jede 6. M verdoppeln (= 42 M).

7.–12. Rd: 42 fM häkeln (= 42 M).

13. Rd: Jede 6. und 7. M zus häkeln (= 36 M).

14. Rd: Jede 5. und 6. M zus häkeln (= 30 M).

15. Rd: Jede 4. und 5. M zus häkeln (= 24 M).

Den Kopf mit Füllwatte ausstopfen.

16. Rd: Jede 3. und 4. M zus häkeln (= 18 M).

17. Rd: Jede 2. und 3. M zus häkeln (= 12 M).

18. Rd: Jede 2. M verdoppeln (= 18 M).

19. Rd: Jede 3. M verdoppeln (= 24 M).

20.–22. Rd: 24 fM häkeln (= 24 M).

23. Rd: Jede 4. M verdoppeln (= 30 M).

24.–25. Rd: 30 fM häkeln (= 30 M).

26. Rd: Jede 5. M verdoppeln (= 36 M).

27. Rd: 36 fM häkeln (= 36 M).

28. Rd: Jede 5. und 6. M zus häkeln (= 30 M).

♥ WEITER GEHT'S

29. Rd: Jede 4. und 5. M zus häkeln (= 24 M).

30. Rd: Jede 3. und 4. M zus häkeln (= 18 M).

Den Körper mit Füllwatte ausstopfen.

31. Rd: Jede 2. und 3. M zus häkeln (= 12 M).

32. Rd: Je 2 M zus häkeln (= 6 M).

Abmaschen, alle Fäden vernähen und dabei die Öffnung zusammenziehen.

OHR (2 X)

In Rosa 2 Lm anschl und in die 1. Lm 6 fM häkeln (= 6 M).

1. Rd: 6 fM häkeln (= 6 M)

2. Rd: Jede M verdoppeln (= 12 M).

3.–8. Rd: 12 fM (= 12 M).

9. Rd: Jeder 5. und 6. M zus häkeln (= 10 M).

10.–11. Rd: 10 fM häkeln (= 10 M).

12. Rd: Jede 4. und 5. M zus häkeln (= 8 M).

13. Rd: 8 fM häkeln (= 8 M).

Abmaschen und einen langen Faden zum Annähen hängen lassen.

ARM (2 X)

In Rosa 2 Lm anschl und in die 1. Lm 6 fM häkeln (= 6 M).

1. Rd: Jede M verdoppeln (= 12 M).

2. Rd: 12 fM häkeln (= 12 M).

3. Rd: Jede 5. und 6. M zus häkeln (= 10 M).

4. Rd: Jede 4. und 5. M zus häkeln (= 8 M).

5.–9. Rd: 8 fM häkeln (= 8 M).

Abmaschen und einen langen Faden zum Annähen hängen lassen.

BEIN (2 X)

In Rosa 2 Lm anschl und in die 1. Lm 3 fM und 3 hStb häkeln (= 6 M).

1. Rd: * 2 fM in 1 M *, von * bis * noch 2 x wdh, * 2 hStb in 1 M *, von * bis * noch 2 x wdh (= 12 M).

2. Rd: 6 fM, 6 hStb häkeln (= 12 M).

3. Rd: 12 fM häkeln (= 12 M).

4. Rd: 4 fM, * 2 M zus häkeln *, von * bis * noch 1 x wdh, 4 fM (= 10 M).

5.–7. Rd: 10 fM (= 10 M).

Abmaschen und einen langen Faden zum Annähen hängen lassen.

SCHWÄNZCHEN

In Weiß 2 Lm anschl und in die 1. Lm 6 fM häkeln (= 6 M).

1. Rd: Jede M verdoppeln (= 12 M).

2. Rd: Je 2 M zus häkeln (= 6 M).

Abmaschen und einen langen Faden zum Annähen hängen lassen.

FERTIGSTELLEN

Den Hasen, wie auf dem Modellbild zu sehen, zusammensetzen, dabei alle Fäden vernähen: Die Ohren oben am Kopf, die Arme seitlich und die mit Füllwatte ausgestopften Beine unten am Körper festnähen. Die Augen werden in Schwarz über 2 M Breite aufgestickt, Reflex in Weiß nicht vergessen, die Nase in Cyclam über 4 M Breite aufsticken. Unter die Nase stickt man dann noch den Mundbereich. Zum Schluss das Schwänzchen auf der Rückseite des Körpers befestigen.

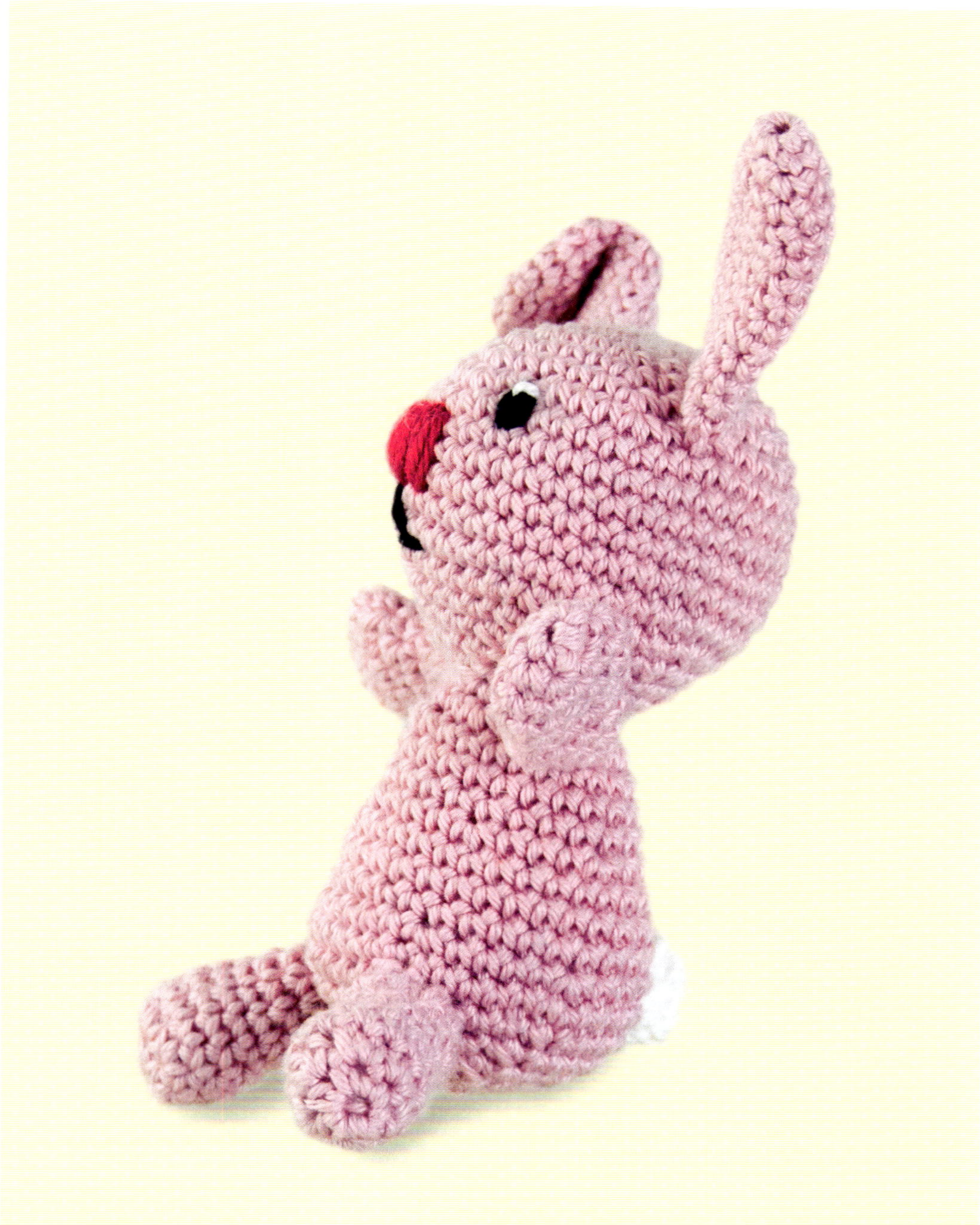

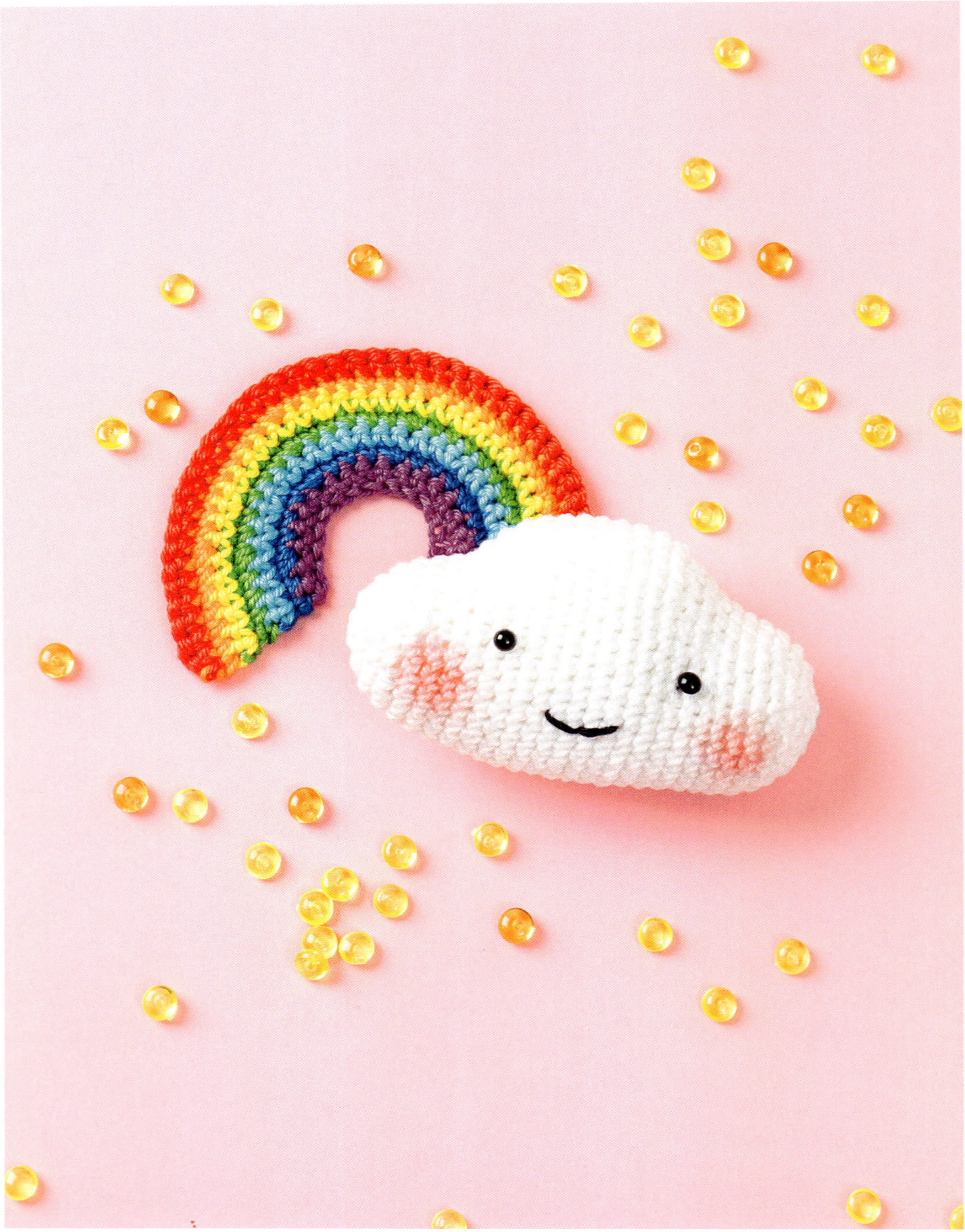

WANDA WOLKE

SCHWIERIGKEITSGRAD ★

♥ MATERIAL

- Woll Butt Camilla (100 % Baumwolle, LL ca. 125 m/50 g): Reste in Weiß (Fb 35432) und Schwarz (Fb 35435)
- Häkelnadel 3,0 mm
- Wollnadel
- 2 schwarze Kunststoffaugen mit Ösen zum Annähen, Ø 3 mm
- Rouge

♥ GRÖSSE

- Ca. 9 x 5 cm

TIPP

Auch die Wolke eignet sich gut als Schlüsselanhänger. Hierfür einfach an eine Seite einen Schlüsselring annähen.

♥ LOS GEHT'S

In Spiral-Rd häkeln, während des Häkelns die Wolke nach und nach mit Füllwatte ausstopfen.

WOLKE

In Weiß einen Magic Ring legen und wie folgt häkeln:

1. Rd: 6 fM.

2. Rd: Jede M verdoppeln (= 12 M).

3. Rd: Jede 2. M verdoppeln (= 18 M).

4. Rd: Jede 3. M verdoppeln (= 24 M).

5.–8. Rd: fM häkeln (= 24 M).

9. Rd: fM häkeln, dabei 8 aufeinanderfolgende M verdoppeln (= 32 M).

Die verdoppelten 16 M mit einem Kontrastfaden markieren.

10.–19. Rd: fM häkeln (= 32 M).

20. Rd: fM häkeln, dabei über den markierten M wie folgt häkeln: 2 fM, * 2 M zus häkeln, 1 fM *, von * bis * noch 3 x wdh, 2 fM (= 28 fM).

21. Rd: fM häkeln.

22. Rd: fM häkeln, dabei über den markierten 12 M wie folgt häkeln: * 2 M zus häkeln, 1 fM *, von * bis * noch 3 x wdh (= 24 fM).

23.–26. Rd: fM häkeln (= 24 M).

27. Rd: Jede 3. und 4. M zus häkeln (= 18 fM).

28. Rd: Jede 2. und 3. M zus häkeln (= 12 fM).

29. Rd: Je 2 M zus häkeln (= 6 fM).

Den Faden lang abschneiden, abmaschen und evtl. noch etwas Füllwatte nachstopfen. Die M der letzten Rd mit dem Faden zusammenziehen und diesen vernähen.

FERTIGSTELLEN

Die Augen annähen. In Schwarz den Mund mit Spannstichen aufsticken. Die Wangen mit Rouge leicht einfärben.

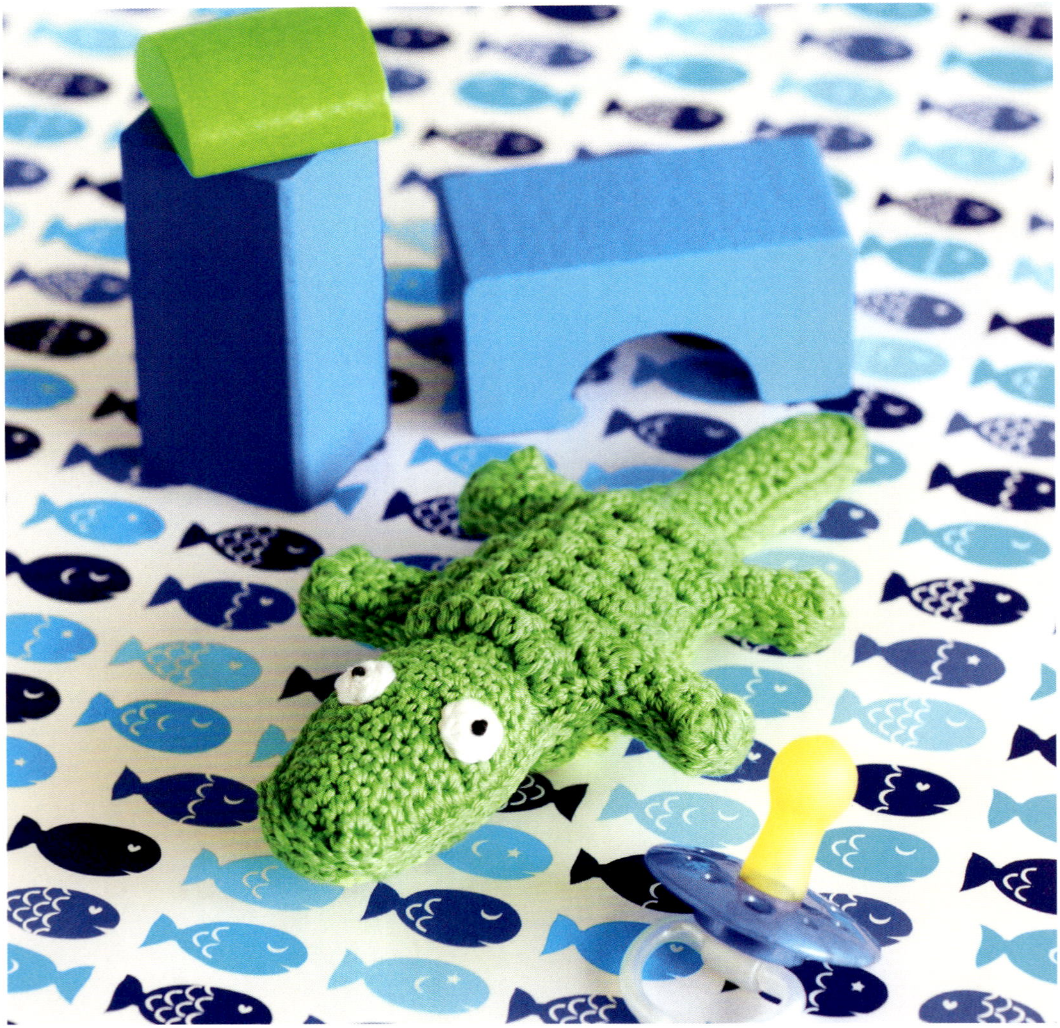

SCHWIERIGKEITSGRAD ★ ★ ★

♥ MATERIAL

- Woll Butt Camilla (100 % Baumwolle, LL 125 m/50 g) Grün (Fb 35933), 17 g, Hellgrün (Fb 35438), 6 g, Reste in Weiß (Fb 35432) und Schwarz (Fb 35435)
- Häkelnadel 2,5 mm
- Wollnadel
- Füllwatte

♥ GRÖSSE

- 10 x 18 cm

KOKO KROKO

♥ LOS GEHT'S

KÖRPER (2 X)

Das Krokodil wird in R gehäkelt. Jede R beginnt mit 1 Wende-Lm. Die Umrandung wird in Rd gehäkelt. Jede Rd beginnt mit 1 Lm und endet mit 1 Km in die 1. Lm. 1 Popcorn-Stb besteht aus 3 zus abgemaschten Stb.

Die Vorderseite in Grün, für die Rückseite abwechselnd 2 R in Grün, 2 R in Hellgrün häkeln.

1. R: 4 Lm anschl und ab der 2. Lm von der Nd aus 2 fM in 1 M, 1 fM, 2 fM in 1 M (= 5 M).

2. R: 2 fM in 1 M; 3 fM, 2 fM in 1 M (= 7 M).

3.–6. R: fM häkeln (= 7 M).

7. R: 2 fM in 1 M; 5 fM, 2 fM in 1 M (= 9 M).

8. R: 2 fM in 1 M, 7 fM, 2 fM in 1 M (= 11 M).

9.–12. R: fM häkeln (= 11 M).

13. R: 2 M zus häkeln, 7 fM, 2 M zus häkeln (= 9 M).

14. R: 2 M zus häkeln, 5 fM, 2 M zus häkeln (= 7 M).

15. R: 2 M zus häkeln, 3 fM, 2 M zus häkeln (= 5 M).

16. R: * 2 fM in 1 M *, von * bis * noch 1 x wdh, 3 fM in 1 M, * 2 fM in 1 M *, von * bis * noch 1 x wdh (= 11 M).

17. R: * 1 Popcorn-Stb, 1 fM *, von * bis * noch 4 x wdh, 1 Popcorn-Stb (= 11 M).

18. R: fM häkeln (= 11 M).

19.–22. R: Die 17.–18. R 2 x wdh (= 11 M).

23. R: * 1 Popcorn-Stb, 1 fM *, von * bis * noch 4 x wdh, 1 Popcorn-Stb (= 11 M).

24. R: 2 M zus häkeln, 7 fM, 2 M zus häkeln (= 9 M).

25. R: * 1 Popcorn-Stb, 1 fM *, von * bis * noch 3 x wdh, 1 Popcorn-Stb (= 9 M).

26. R: fM häkeln (= 9 M).

27. R: * 1 Popcorn-Stb, 1 fM *, von * bis * noch 3 x wdh, 1 Popcorn-Stb (= 9 M).

28. R: 2 M zus häkeln, 5 fM, 2 M zus häkeln (= 7 M).

29. R: 2 M zus häkeln, 3 fM, 2 M zus häkeln (= 5 M).

30.–35. R: fM häkeln (= 5 M).

36. R: 2 M zus häkeln, 3 fM (= 4 M).

37.–41. R: fM häkeln (= 4 M).

42. R: 2 M zus häkeln, 2 fM (= 3 M).

43. R: fM häkeln (= 3 M).

44. R: 2 M zus häkeln, 1 fM (= 2 M).

45. R: fM häkeln (= 2 M).

Abmaschen und Fäden vernähen.

BEINE

1. + 2. Bein zwischen der 19. und 21. R des Körpers, **3. + 4. Bein** zwischen der 26. und 28. R des Körpers ansetzen.

1.–5. R: In Grün 3 fM häkeln (= 3 M)

Abmaschen und Fäden vernähen.

AUGE (2 X)

1. Rd: In Weiß 2 Lm anschl und in die 1. Lm 6 fM häkeln (= 6 M).

Abmaschen und langen Faden zum Festnähen lassen.

FERTIGSTELLUNG

Um den gesamten Körper jeweils 1 Rd fM häkeln, eine Ausnahme bilden die Füße. Dort wird auf die 3 fM der jeweils letzten Reihe Folgendes gehäkelt: * [1 Popcorn-Stb, 1 fM] in 1 M *, von * bis * noch 2 x wdh (= 6 M). Bei den Übergängen Bein–Körper jeweils rechts und links 1 M überspringen. Den Arbeitsfaden am 2. Teil **nicht** abschneiden, die übrigen Fäden vernähen. Danach beide Krokodilhälften aufeinanderlegen und die Umrandung mit Km umhäkeln, indem man durch beide Hälften als Relief von vorne gestochen sticht.

Die Augen auf den Kopf nähen und in die Mitte mit Schwarz mit dem Knötchenstich die Pupille aufsticken.

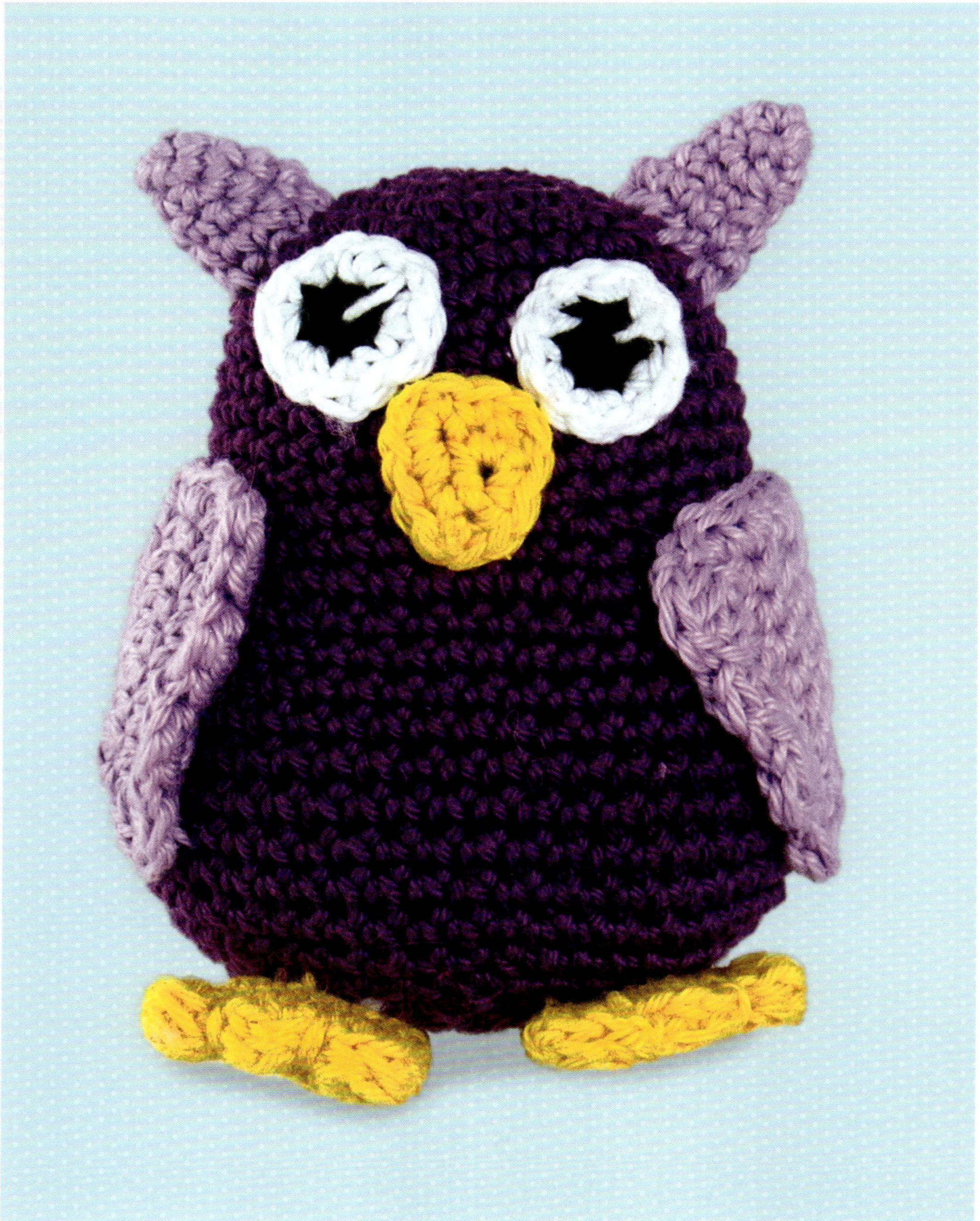

EMILIA EULE

SCHWIERIGKEITSGRAD ★★☆

MATERIAL

- Schachenmayr Catania (100 % Baumwolle, LL 125 m/50 g) in Phlox (Fb 282), 20 g, in Flieder (Fb 226) 5 g, Reste in Sonne (Fb 208), in Weiß (Fb 106) und Schwarz (Fb 110)
- Häkelnadel 2,5 mm
- Wollnadel
- Füllwatte

GRÖSSE

- 11 cm

LOS GEHT'S

Jede R wird mit 1 Wende-Lm begonnen.
Jede Rd wird mit 1 Steige-Lm begonnen und mit 1 Km in die 1. Lm beendet.

KOPF UND KÖRPER

In Phlox 2 Lm anschl und in die 1. Lm 6 fM häkeln (= 6 M).

1. Rd: Jede M verdoppeln (= 12 M).

2. Rd: Jede 2. M verdoppeln (= 18 M).

3. Rd: Jede 3. M verdoppeln (= 24 M).

4. Rd: Jede 4. M verdoppeln (= 30 M).

5. Rd: Jede 5. M verdoppeln (= 36 M).

6.–12. Rd: 36 fM häkeln (= 36 M).

13. Rd: Jede 6. M verdoppeln (= 42 M).

14. Rd: 42 fM häkeln (= 42 M).

15. Rd: Jede 7. M verdoppeln (= 48 M).

16.–23. Rd: 48 fM häkeln (= 48 M).

24. Rd: Jede 7. und 8. M zus häkeln (= 42 M).

25. Rd: Jede 6. und 7. M zus häkeln (= 36 M).

26. Rd: Jede 5. und 6. M zus häkeln (= 30 M).

27. Rd: Jede 4. und 5. M zus häkeln (= 24 M).

Nun den Körper mit Füllwatte ausstopfen.

28. Rd: Jede 3. und 4. M zus häkeln (= 18 M).

29. Rd: Jede 2. und 3. M zus häkeln (= 12 M).

30. Rd: Je 2 M zus häkeln (= 6 M).

Abmaschen und alle Fäden vernähen, dabei die Öffnung zuziehen.

♥ WEITER GEHT'S

OHR (2 X)

In Flieder 2 Lm anschl und in die 1. Lm 4 fM häkeln (= 4 M).

1. Rd: Jede 2. M verdoppeln (= 6 M).

2. Rd: Jede 3. M verdoppeln (= 8 M).

3. Rd: Jede 4. M verdoppeln (= 10 M).

4. Rd: Jede 5. M verdoppeln (= 12 M).

Abmaschen und einen langen Faden zum Annähen hängen lassen.

AUGE (2 X)

In Schwarz 2 Lm anschl und in die 1. Lm 6 fM häkeln (= 6 M).

1. Rd: In Weiß jede M verdoppeln (= 12 M).

Abmaschen und einen langen Faden zum Annähen hängen lassen.

FLÜGEL (2 X)

1. R: In Flieder 4 Lm anschl und ab der 2. Lm von der Nd aus 3 fM häkeln (= 3 M).

2. R: 2 fM in 1 M, 3 fM (= 4 M).

3. R: 2 fM in 1 M, 4 fM (= 5 M).

4. R: 2 fM in 1 M, 5 fM (= 6 M).

5. R: 2 fM in 1 M, 6 fM (= 7 M).

6. R: 2 fM in 1 M, 7 fM (= 8 M).

7.–9. R: 8 fM häkeln (= 8 M).

10. R: 2 Wende-Lm, * in 1 M: [1 hStb, 1 Stb], in die folgende M: [1 hStb, 1 Km] *, von * bis * noch 3 x wdh (= 16 M). Gleich im Anschluss ab der letzten M 1 Rd fM um den gesamten Flügel häkeln und mit 1 Km in die 2. Lm des Anfangs schließen.

Abmaschen und einen langen Faden zum Annähen hängen lassen.

FUSS (2 X)

In Sonne 2 Lm anschl und in die 1. Lm 6 fM häkeln (= 6 M).

1. Rd: In Weiß jede M verdoppeln (= 12 M).

2.–5. Rd: 12 fM häkeln (= 12 M).

6. Rd: * In 1 M: [1 fM, 1 hStb], in die folgende M: [1 Stb, 1 Km] * , von * bis * noch 5 x wdh (= 24 M).

Abmaschen und einen langen Faden zum Vernähen hängen lassen.

SCHNABEL

1. R: In Sonne 2 Lm anschl und in die 1. Lm 2 fM häkeln (= 2 M).

2. R: 2 fM in 1 M, 1 fM (= 3 M).

Um den gesamten Schnabel 1 Rd fM häkeln und an den 3 Ecken in jeweils 1 Eck-M 3 fM häkeln.

Abmaschen und einen langen Faden zum Annähen hängen lassen.

FERTIGSTELLEN

Die Eule, wie auf dem Modellbild zu sehen, zusammensetzen, dabei alle Fäden vernähen: Die Füße links auf links zur Hälfte falten, sodass jeweils 3 Rundungen aufeinanderliegen und flach zusammennähen, danach unten am Körper festnähen. Die Ohren seitlich oben am Körper und die Augen vorne aufnähen. Unter den Augen den Schnabel und seitlich am Körper die Flügel festnähen.

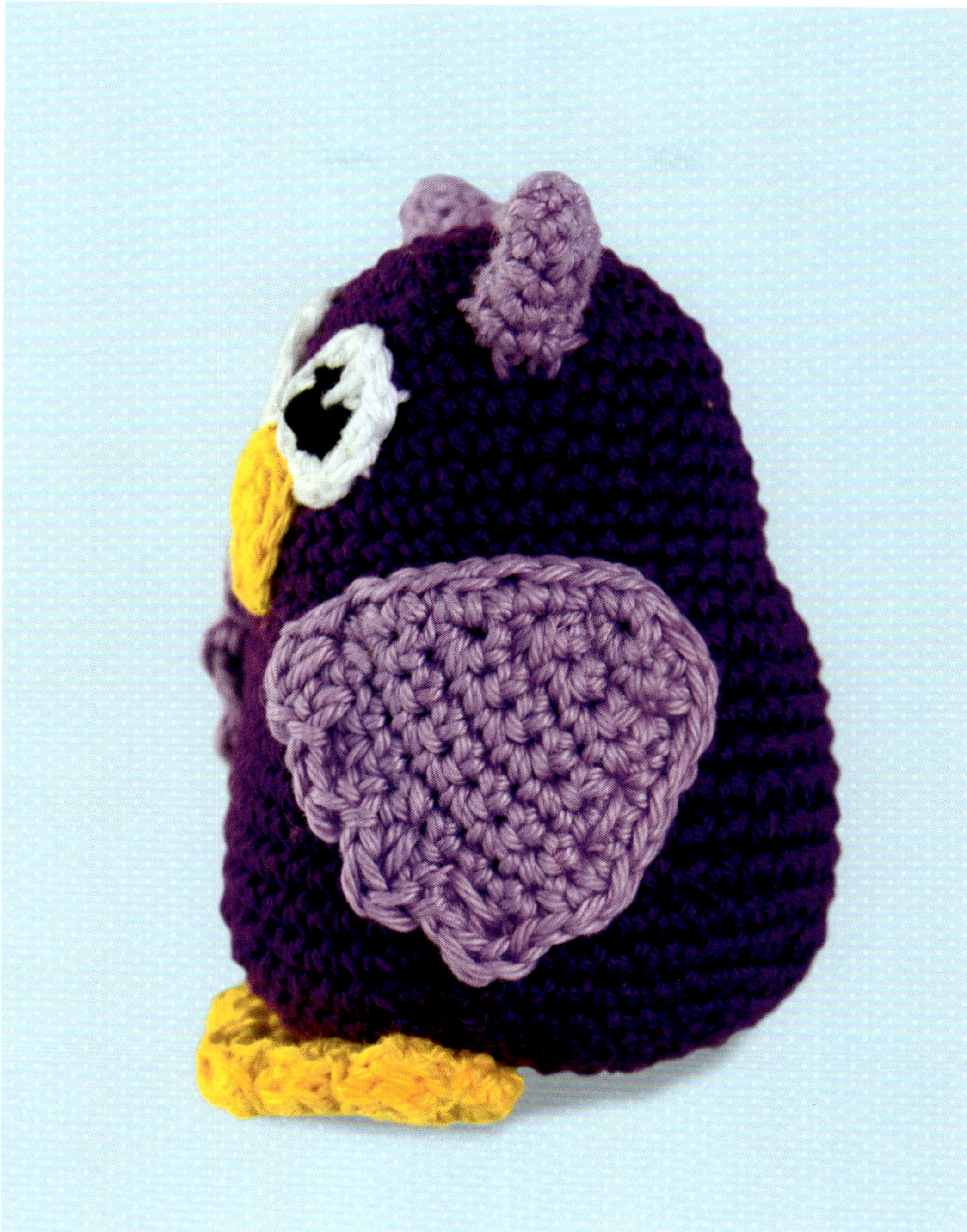

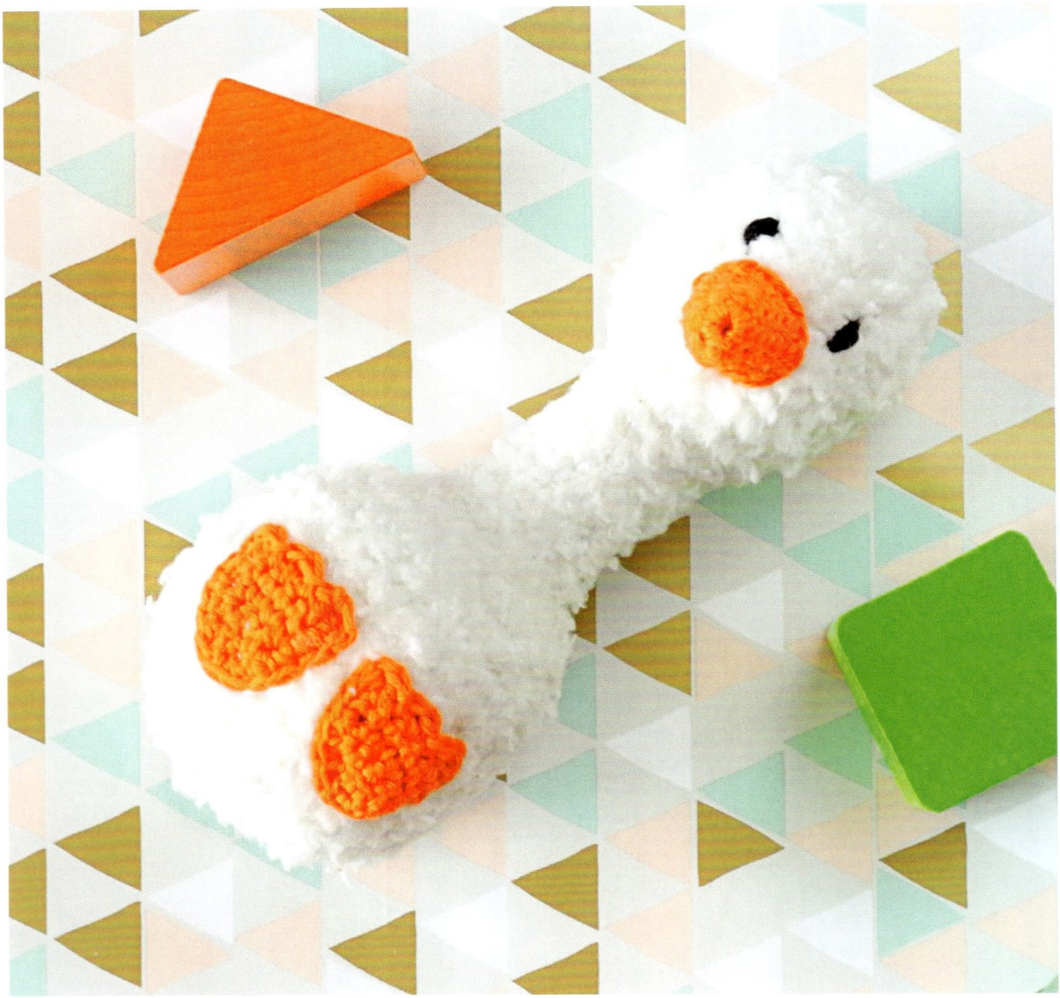

SCHWIERIGKEITSGRAD ★★☆

♥ MATERIAL

- Woll Butt Camilla (100 % Baumwolle, LL 125 m/50 g) in Beige (Fb 35806), 20 g, Reste in Orange (Fb 35443) und Schwarz (Fb 35435)
- Schachenmayr Baby Smiles Lenja Soft (100 % Polyester, LL 85 m/25 g) in Natur (Fb 1002), 20 g
- Häkelnadel 2,5 und 4,0 mm
- Wollnadel
- Füllwatte

♥ GRÖSSE

- 7 x 17 cm

GUNDA GANS

♥ LOS GEHT'S

Die Füße werden in R gehäkelt. Jede R beginnt mit 1 Wende-Lm. Der Körper und der Schnabel werden in Rd gehäkelt. Jede Rd beginnt mit 1 Lm und endet mit 1 Km in die 1. Lm.

KÖRPER

1. Rd: Mit Häkelnadel 4,0 mm und je einem Faden der Babywolle und der Camilla in Beige 2 Lm anschl, 6 fM in die 1. Lm (= 6 M).

2. Rd: Jede M verdoppeln (= 12 M).

3. Rd: Jede 2. M verdoppeln (= 18 M).

4. Rd: Jede 3. M verdoppeln (= 24 M).

5.–8. Rd: fM häkeln (= 24 M).

Den Körper etwas mit Füllwatte ausstopfen.

9. Rd: Jede 3. und 4. M zus häkeln (= 18 M).

10. Rd: Jede 2. und 3. M zus häkeln (= 12 M).

11.–19. Rd: fM häkeln (= 12 M).

20. Rd: Jede M verdoppeln (= 24 M).

21. Rd: Jede 2. M verdoppeln (= 36 M).

22.–28. Rd: fM häkeln (= 36 M).

29. Rd: Jede 5. und 6. M zus häkeln (= 30 M).

30. Rd: Jede 4. und 5. M zus häkeln (= 24 M).

Den Körper weiter mit Füllwatte ausstopfen.

31. Rd: Jede 3. und 4. M zus häkeln (= 18 M).

32. Rd: Jede 2. und 3. M zus häkeln (= 12 M).

33. Rd: Je 2 M zus häkeln (= 6 M).

Abmaschen und einen langen Faden zum Annähen hängen lassen.

SCHNABEL

1. Rd: Mit Häkelnadel 2,5 mm in Orange 2 Lm anschl, 6 fM in die 1. Lm (= 6 M).

2. Rd: fM häkeln (= 6 M).

3. Rd: Jede 2. M verdoppeln (= 9 M).

4. Rd: fM häkeln (= 9 M).

5. Rd: Jede 3. M verdoppeln (= 12 M).

6. Rd: Jede 4. M verdoppeln (= 15 M).

Abmaschen und einen langen Faden zum Annähen hängen lassen.

FÜSSE (2 X)

1. R: Mit Häkelnadel 2,5 mm in Orange 3 Lm anschl und ab der 2. Lm von der Nd aus * 2 fM in 1 M *, von * bis * noch 1 x wdh (= 4 M).

2. R: 2 fM in 1 M, 3 fM (= 5 M).

3.–4. R: fM häkeln (= 5 M).

5. R: 3 Wende-Lm, 1 Stb, * 1 Km, 2 Stb in 1 M *, von * bis * noch 1 x wdh (= 7 M). Direkt im Anschluss 1 Rd fM um den Fuß häkeln, die bei den 3 Wende-Lm der 5. R stoppt.

Abmaschen und einen langen Faden zum Annähen hängen lassen.

FERTIGSTELLUNG

Den Schnabel mit Füllwatte stopfen und auf den Kopf nähen. Die zwei Füße nebeneinander auf dem Unterkörper befestigen. Die Augen in Schwarz aufsticken und alle Fäden vernähen.

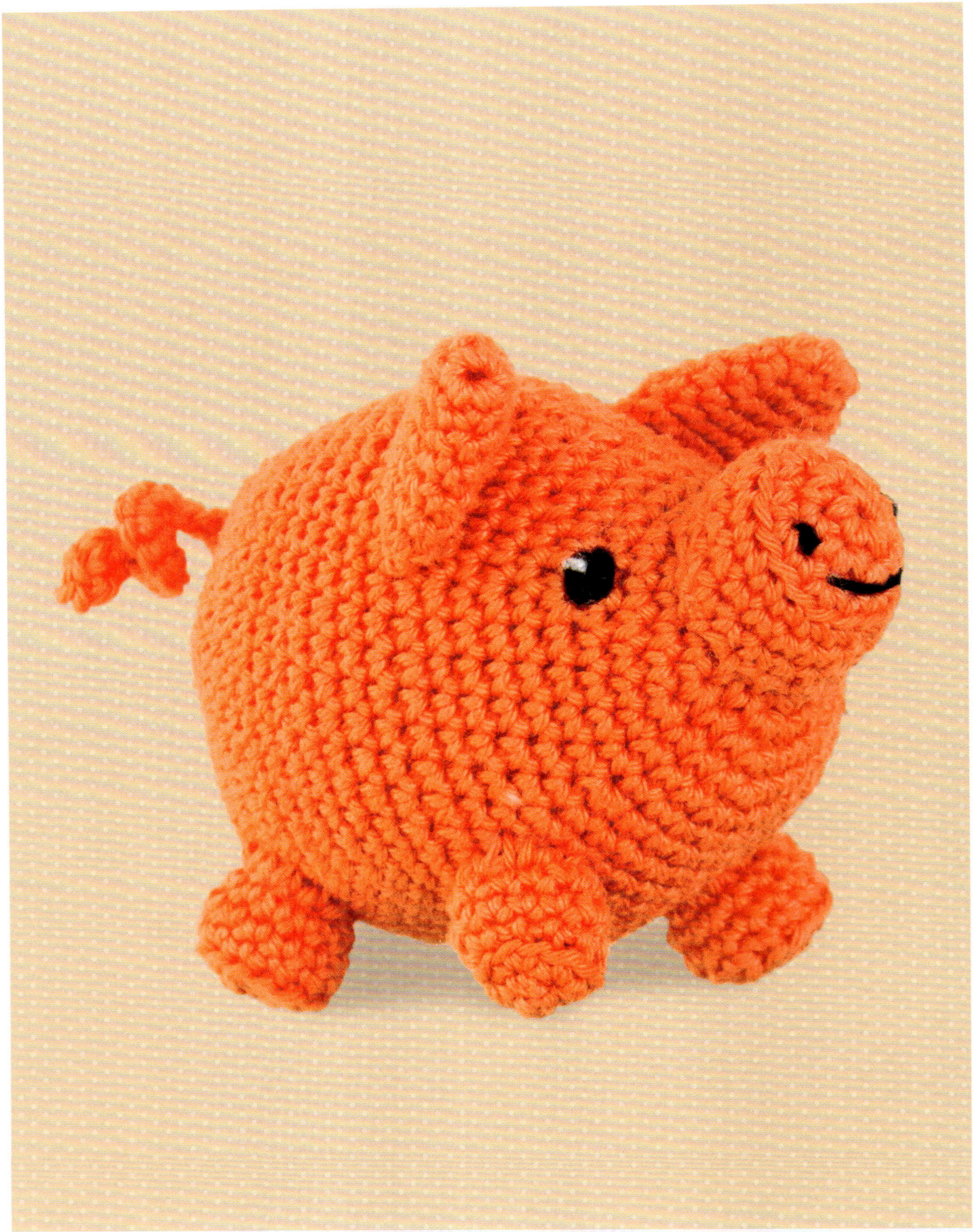

SISSI SCHWEIN

SCHWIERIGKEITSGRAD ★★☆

♥ MATERIAL

- Schachenmayr Catania (100% Baumwolle, LL 125 m/50 g) in Koralle (Fb 410), 20 g, Reste in Weiß (Fb 106) und Schwarz (Fb 110)
- Häkelnadel 2,5 mm
- Wollnadel
- Füllwatte

♥ GRÖSSE

- 12 cm

♥ LOS GEHT'S

Jede R wird mit 1 Wende-Lm begonnen.
Jede Rd wird mit 1 Steige-Lm begonnen und mit 1 Km in die 1. Lm beendet.

KOPF UND KÖRPER

In Koralle 2 Lm anschl und in die 1. Lm 6 fM häkeln (= 6 M).

1. Rd: Jede M verdoppeln (= 12 M).

2. Rd: Jede 2. M verdoppeln (= 18 M).

3. Rd: Jede 3. M verdoppeln (= 24 M).

4. Rd: Jede 4. M verdoppeln (= 30 M).

5.–6. Rd: 30 fM häkeln (= 30 M).

7. Rd: Jede 5. M verdoppeln (= 36 M).

8. Rd: 36 fM häkeln (= 36 M).

9. Rd: Jede 6. M verdoppeln (= 42 M).

10. Rd: 42 fM häkeln (= 42 M).

11. Rd: Jede 7. M verdoppeln (= 48 M).

12.–22. Rd: 48 fM häkeln (= 48 M).

23. Rd: Jede 7. und 8. M zus häkeln (= 42 M).

24. Rd: Jede 6. und 7. M zus häkeln (= 36 M).

25. Rd: Jede 5. und 6. M zus häkeln (= 30 M).

26. Rd: Jede 4. und 5. M zus häkeln (= 24 M).

Den Körper mit Füllwatte ausstopfen.

27. Rd: Jede 3. und 4. M zus häkeln (= 18 M).

28. Rd: Jede 2. und 3. M zus häkeln (= 12 M).

29. Rd: Jede 2 M zus häkeln (= 6 M).

Abmaschen und die Fäden vernähen, dabei die Öffnung zuziehen.

♥ WEITER GEHT'S

RÜSSEL
In Koralle 2 Lm anschl und in die 1. Lm 6 fM häkeln (= 6 M).

1. Rd: Jede M verdoppeln (= 12 M).

2. Rd: Jede 2. M verdoppeln (= 18 M).

3. Rd: 18 fM ihM häkeln (= 18 M).

4.–5. Rd: 18 fM häkeln (= 18 M).

Abmaschen und einen langen Faden zum Annähen hängen lassen.

OHR (2 X)
In Koralle 2 Lm anschl und in die 1. Lm 6 fM häkeln (= 6 M).

1. Rd: Jede 3. M verdoppeln (= 8 M).

2. Rd: Jede 4. M verdoppeln (= 10 M).

3. Rd: Jede 5. M verdoppeln (= 12 M).

4. Rd: Jede 6. M verdoppeln (= 14 M).

5. Rd: Jede 7. M verdoppeln (= 16 M).

6. Rd: 16 fM häkeln (= 16 M).

Abmaschen und einen langen Faden zum Annähen hängen lassen.

BEIN (4 X)
In Koralle 2 Lm anschl und in die 1. Lm 6 fM häkeln (= 6 M).

1. Rd: Jede M verdoppeln (= 12 M).

2. Rd: 12 fM ihM (= 12 M).

3.–4. Rd: 12 fM häkeln (= 12 M).

Abmaschen und einen langen Faden zum Annähen hängen lassen.

RINGELSCHWANZ
In Koralle 8 Lm anschl und ab der 2. Lm von der Nd aus in jede Lm 3 fM häkeln (= 22 M).

Abmaschen und einen langen Faden zum Annähen hängen lassen.

FERTIGSTELLEN
Das Schwein, wie auf dem Modellbild zu sehen, zusammensetzen, dabei alle Fäden vernähen: Den Rüssel mit Füllwatte ausstopfen und vorne am Körper festnähen. Die Ohren seitlich oben, die Beine unten am Körper befestigen. Den Ringelschwanz annähen und in Schwarz die Augen in 2 M Breite aufsticken, in Weiß noch einen Reflex in die Augen sticken.

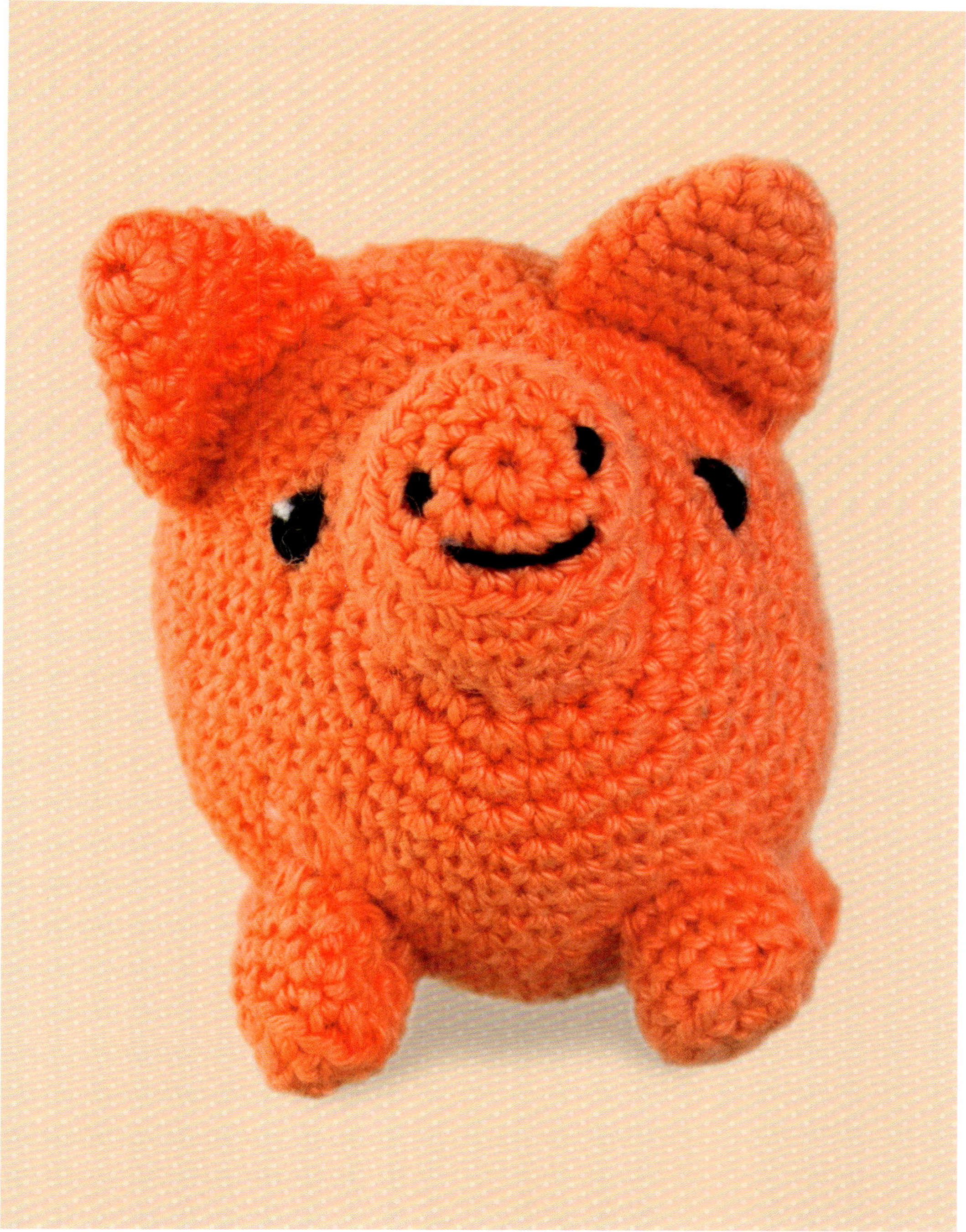

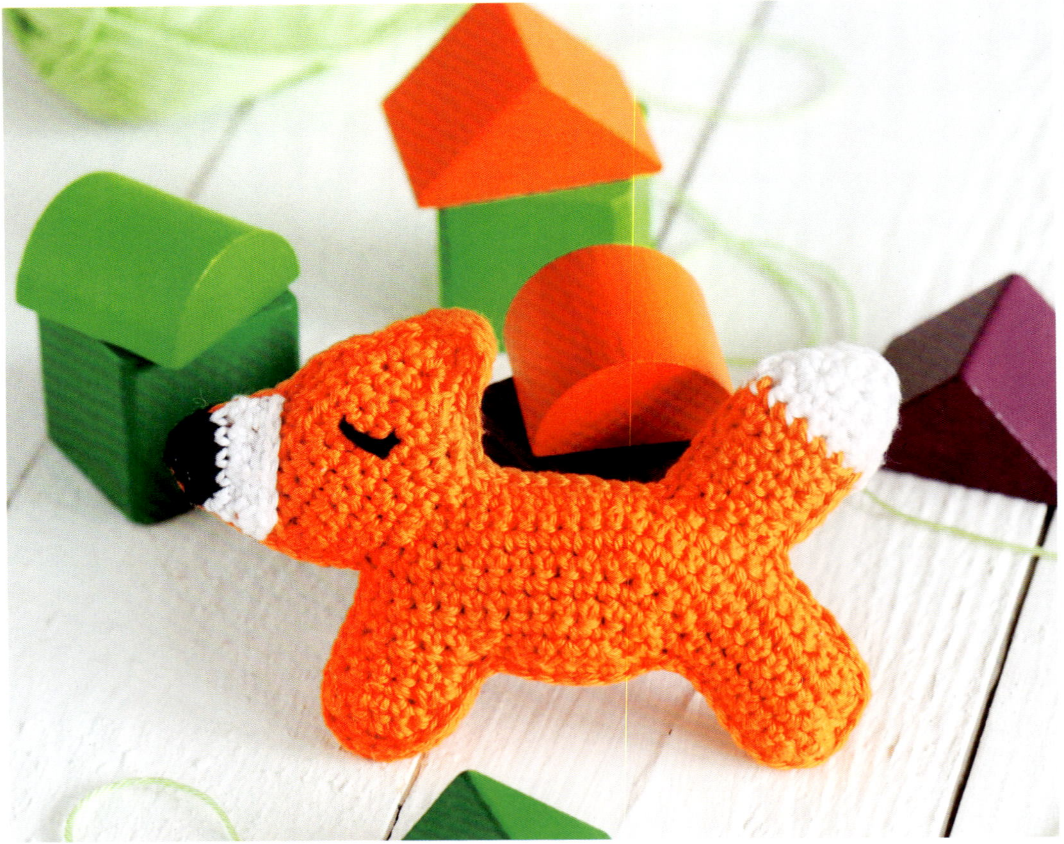

SCHWIERIGKEITSGRAD ★★☆

♥ MATERIAL

- Woll Butt Camilla (100 % Baumwolle, LL 125 m/50 g) in Orange (Fb 35443), 20 g, Reste in Weiß (Fb 35432) und Schwarz (Fb 35435)
- Häkelnadel 2,5 mm und 3,0 mm
- Wollnadel
- Füllwatte

♥ GRÖSSE

- 9 x 14 cm

♥ LOS GEHT'S

Der Körper und die Schnauze werden in R gehäkelt. Jede R beginnt mit 1 Wende-Lm. Die Umrandung wird in Rd gehäkelt. Jede Rd beginnt mit 1 Lm und endet mit 1 Km in die 1. Lm.

KÖRPER (2 X)

1. R: Mit Häkelnadel 3,0 mm in Weiß 2 Lm anschl und 2 fM in die 1. Lm (= 2 M).

2. R: Jede M verdoppeln (= 4 M).

3. R: 2 fM in 1 M, 3 fM (= 5 M).

4. R: fM häkeln (= 5 M).

FERDI FÜCHSCHEN

5.–8. R: In Orange fM häkeln (= 5 M).

9. R: 2 M zus häkeln, 3 fM (= 4 M).

10. R: fM häkeln (= 4 M).

11. R: 4 fM, 8 Lm und 1 Wende-Lm (= 12 M).

12. R: 12 fM, 10 Lm und 1 Wende-Lm (= 22 M).

13. R: fM häkeln (= 22 M).

14. R: 2 fM in 1 M, 20 fM, 2 fM in 1 M (= 24 M).

15. R: 2 M zus häkeln, 7 fM, * 2 M zus häkeln *, von * bis * noch 2x wdh, 7 fM, 2 M zus häkeln (= 19 M).

16. R: 14 fM, den Rest der R unbehäkelt lassen (= 14 M).

17. R: 3 M zus häkeln, 10 fM, 2 fM in 1 M (= 13 M).

18. R: fM häkeln (= 13 M).

19. R: 3 M zus häkeln, 3 hStb, 2 Km, 5 fM (= 11 M).

20. R: 2 fM in 1 M, 3 fM, den Rest der R. unbehäkelt lassen (= 5 M).

21. R: fM häkeln (= 5 M).

22. R: 2 fM in 1 M, 2 fM, 2 M zus häkeln (= 5 M).

23. R: fM häkeln (= 5 M).

24. R: 2 M zus häkeln, 1 fM, 2 M zus häkeln (= 3 M).

Abmaschen und die Fäden vernähen.

KOPF

1. R: Bei der 12. R des Körpers auf Höhe der 1. Wende-Lm in Orange neu anschl und 5 fM seitlich in Richtung Bein runterhäkeln (= 5 M).

2. R: 2 fM in 1 M, 3 fM, 2 fM in 1 M (= 7 M).

3. R: 2 fM in 1 M, 5 fM, 2 fM in 1 M (= 9 M).

4. R: 2 fM in 1 M, 8 fM, 3 Lm und 1 Wende-Lm (= 13 M).

5. R: 11 fM, 2 M zus häkeln (= 12 M).

6. R: 10 fM, 2 Km, die Arbeit nicht wenden, sondern abmaschen und den Faden abschneiden; danach wieder am gleichen Anfangspunkt der Vor-R mit neuem Faden anschl (=12 M).

7. R: 2 fM, 2 hStb, 5 fM (= 9 M).

Ab jetzt nach jeder R wieder ganz normal wenden.

8. R: 2 M zus häkeln, 7 fM (= 8 M).

9. R: 2 hStb, 1 fM, 1 Km (= 4 M).

Abmaschen und die Fäden vernähen.

SCHNAUZE (2 X)

1. R: Mit Häkelnadel 2,5 mm in Schwarz 2 Lm anschl und in die 1. Lm 4 fM häkeln (= 4 M).

2. R: 2 fM in 1 M, 3 fM (= 5 M).

3. R: In Weiß 2 fM in 1 M, 4 fM (= 6 M).

4. R: 2 fM in 1 M, 5 fM (= 7 M).

6. R: 2 fM in 1 M, 6 fM (= 8 M).

Abmaschen und einen langen Faden zum Festnähen hängen lassen.

FERTIGSTELLUNG

Um den gesamten Fuchs jeweils 1 Rd fM häkeln. An den inneren Ecken (rechts und links von den Beinen, dem Schwanz und dem Kopf) jeweils 1 M überspringen, an der Schwanzspitze, dem Ohr und der Schnauze je 3 fM in 1 Eckmasche häkeln. Danach beide Fuchshälften aufeinanderlegen und an den Umrandungen mit Km zusammenhäkeln, indem man durch beide Hälften als Relief von vorne gestochen sticht. Kurz vor dem kompletten Verschließen die Füllwatte in die Figur stopfen.
Die Schnauzenhälften auf beiden Seiten aufnähen und Augen aufsticken.

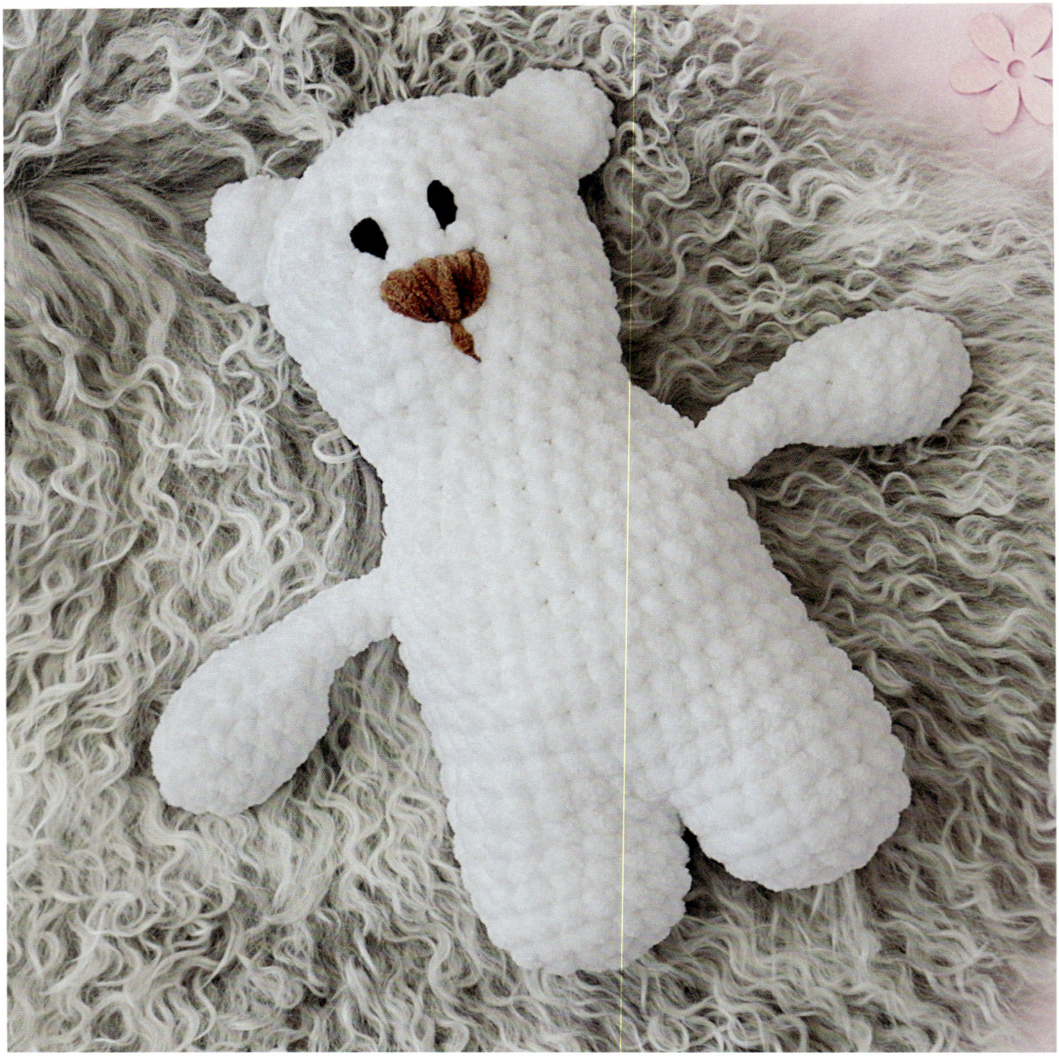

SCHWIERIGKEITSGRAD ★

♥ MATERIAL

- Katia Bambi (100 % Polyester, LL 120 m/100 g) in Weiß (Fb 300), 100 g, Reste in Braun (Fb 307) und Schwarz (Fb 315)
- Häkelnadel 6,0 mm
- Füllwatte
- Wollnadel

♥ GRÖSSE

- 20 cm

BABSI BÄR

♥ LOS GEHT'S

Der Eisbär wird von unten nach oben ausschließlich in fM in Spiral-Rd gehäkelt.

KÖRPER UND BEINE

Zunächst mit den Beinen beginnen.

1. Rd: In Weiß 6 fM in einen Magic Ring häkeln (= 6 M).

2. Rd: Jede M verdoppeln (= 12 M).

3. Rd: Jede 2. M verdoppeln (= 18 M).

4.–6. Rd: fM häkeln (= 18 M).

Das 2. Bein entsprechend häkeln, dann beide Beine nebeneinanderlegen und mit 3 fM in der Mitte zusammenhäkeln.

7. Rd: Jetzt 1 Rd außen um beide Beine herumhäkeln und dabei je 2 fM in die Verbindung zwischen den Beinen vorne und hinten arbeiten (= 34 M).

8.–14. Rd: fM häkeln (= 34 M).

15. Rd: Jede 3. und 4. M zus häkeln (= 26 M).

16. Rd: fM häkeln (= 26 M).

17. Rd: Jede 3. und 4. M zus häkeln (= 20 M).

18. Rd: fM häkeln (= 20 M).

Nun den Körper mit Füllwatte ausstopfen.

19. Rd: Jede 3. M verdoppeln (= 26 M).

20.–27. Rd: fM häkeln (= 26 M).

28. Rd: Je 2 M zus häkeln (= 13 M).

Nun den Kopf mit Füllwatte ausstopfen.

29. Rd: Je 2 M zus häkeln (= 7 M).

Den Faden abschneiden, abmaschen und mit einer Wollnadel durch alle 6 M fädeln und die Öffnung zusammenziehen. Den Faden sorgfältig im Inneren vernähen.

ARME (2 X)

1. Rd: In Weiß 6 fM in einen Magic Ring häkeln (= 6 M).

2. Rd: Jede M verdoppeln (= 12 M).

3.–6. Rd: fM häkeln (= 12 M).

7. Rd: Je 2 M zus häkeln (= 6 M).

Aus Füllwatte eine Kugel formen und damit die Hand ausstopfen.

8.–11. Rd: fM häkeln (= 6 M).

Abmaschen und einen langen Faden zum Annähen hängen lassen.

OHREN (2 X)

1. Rd: In Weiß 5 fM in einen Magic Ring häkeln (= 5 M).

2. Rd: Jede M verdoppeln (= 10 M).

3. Rd: fM häkeln (= 10 M).

Abmaschen und einen langen Faden zum Annähen hängen lassen.

FERTIGSTELLUNG

Den Bär, wie auf dem Modellbild zu sehen, zusammennähen, dabei alle Fäden vernähen: Zunächst die Arme seitlich am Körper, etwas unterhalb des Halses, annähen. Danach die Ohren ansetzen und die Augen und die Nase aufsticken.

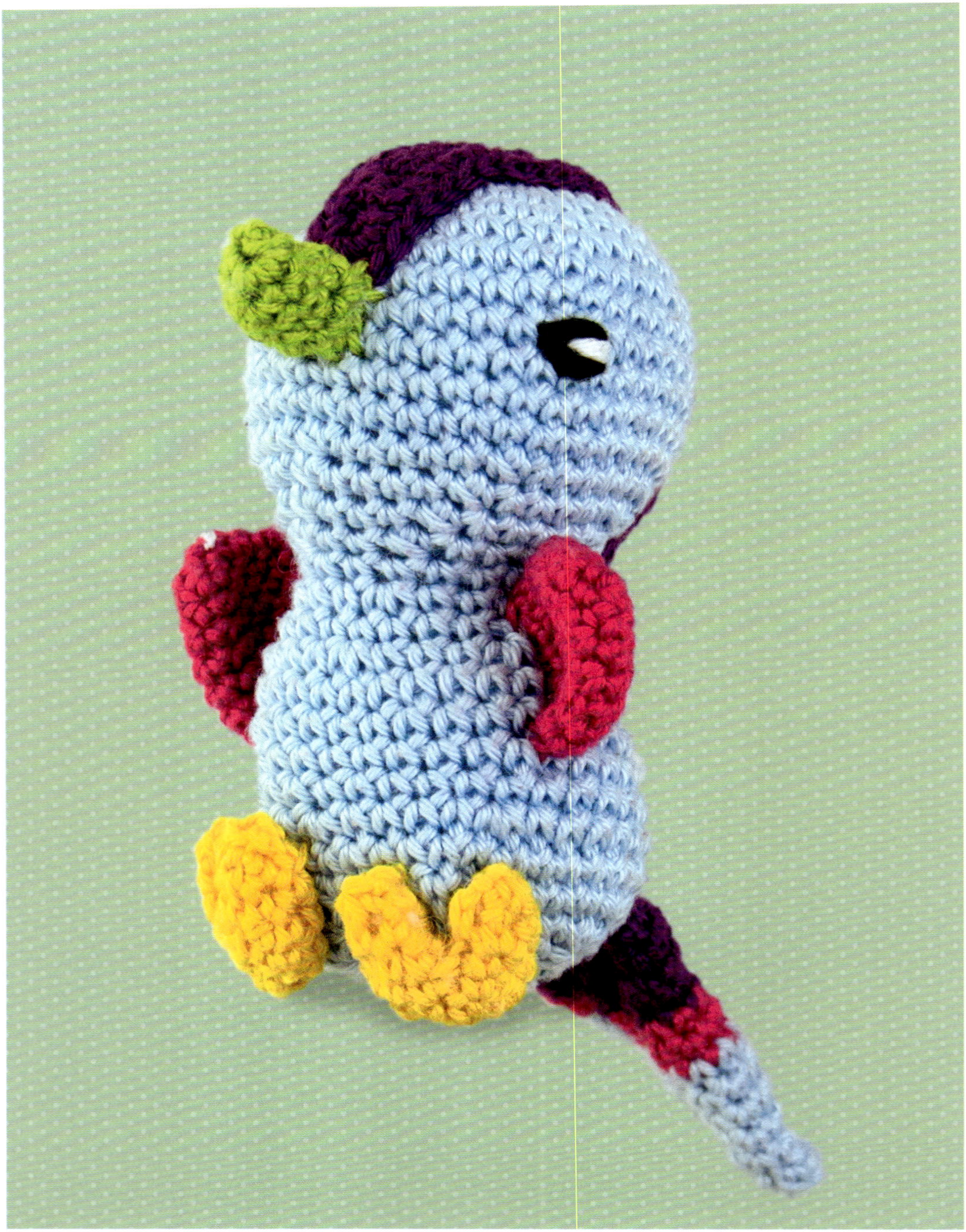

PABLO PIEPMATZ

SCHWIERIGKEITSGRAD ★★★

♥ MATERIAL

- Schachenmayr Catania (100 % Baumwolle, LL 125 m/50 g) in Hellblau (Fb 173), 20 g, in Phlox (Fb 282) 10g, in Cyclam (Fb114), 5g, Reste in Apfel (Fb 205), in Sonne (Fb 208), in Weiß (Fb 106) und Schwarz (Fb 110)
- Häkelnadel 2,5 mm
- Wollnadel
- Füllwatte

♥ GRÖSSE

- 11 cm

♥ LOS GEHT'S

Jede R wird mit 1 Wende-Lm begonnen.
Jede Rd wird mit 1 Steige-Lm begonnen und mit 1 Km in die 1. Lm beendet.

KOPF UND KÖRPER

In Hellblau 2 Lm anschl und in die 1. Lm 6 fM häkeln (= 6 M).

1. Rd: Jede M verdoppeln (= 12 M).

2. Rd: Jede 2. M verdoppeln (= 18 M).

3. Rd: Jede 3. M verdoppeln (= 24 M).

4. Rd: Jede 4. M verdoppeln (= 30 M).

5. Rd: Jede 5. M verdoppeln (= 36 M).

6. Rd: Jede 6. M verdoppeln (= 42 M).

7.–12. Rd: 42 fM häkeln (= 42 M).

13. Rd: Jede 6. und 7. M zus häkeln (= 36 M).

14. Rd: Jede 5. und 6. M zus häkeln (= 30 M).

15. Rd: Jede 4. und 5. M zus häkeln (= 24 M).

Nun den Kopf mit Füllwatte ausstopfen.

16. Rd: Jede 3. und 4. M zus häkeln (= 18 M).

17. Rd: 18 fM häkeln (= 18 M).

18. Rd: Jede 3. M verdoppeln (= 24 M).

19. Rd: 24 fM häkeln (= 24 M).

20. Rd: Jede 4. M verdoppeln (= 30 M).

21.–24. Rd: 30 fM häkeln (= 30 M).

25. Rd: Jede 5. M verdoppeln (= 36 M).

26. Rd: 36 fM häkeln (= 36 M).

27. Rd: Jede 5. und 6. M zus häkeln (= 30 M).

28. Rd: Jede 4. und 5. M zus häkeln (= 24 M).

♥ WEITER GEHT'S

Nun den Körper mit Füllwatte ausstopfen.

29. Rd: Jede 3. und 4. M zus häkeln (= 18 M).

30. Rd: Jede 2. und 3. M zus häkeln (= 12 M).

31. Rd: Je 2 M zus häkeln (= 6 M).

Abmaschen und alle Fäden vernähen, dabei die Öffnung zusammenziehen.

SCHNABEL

In Apfel 2 Lm anschl und in die 1. Lm 4 fM häkeln (= 4 M).

1. Rd: Jede 2. M verdoppeln (= 6 M).

2. Rd: 6 fM häkeln (= 6 M).

3. Rd: Jede 3. M verdoppeln (= 8 M).

4. Rd: 8 fM häkeln (= 8 M).

Abmaschen und einen langen Faden zum Annähen hängen lassen.

ZEICHNUNG

1. R: In Phlox 3 Lm anschl und ab der 2. Lm von der Nd aus 2 fM häkeln (= 2 M).

2.–3. R: 2 fM häkeln (= 2 M).

4. R: 2 fM in 1 M, 1 fM (= 3 M).

5.–6. R: 3 fM häkeln (= 3 M).

7. R: 2 fM in 1 M, 2 fM (= 4 M).

8.–9. R: 4 fM häkeln (= 4 M).

10. R: 2 fM in 1 M, 3 fM (= 5 M).

11.–35. R: 5 fM häkeln (= 5 M).

Danach um die gesamte Zeichnung 1 Rd fM häkeln und an allen 4 Ecken in 1 M 2 fM häkeln. Abmaschen und einen langen Faden zum Annähen hängen lassen.

FUSS (2 X)

In Sonne 2 Lm anschl und in die 1. Lm 6 fM häkeln (= 6 M).

1. Rd: Jede M verdoppeln (= 12 M).

2. Rd: Für die 1. Kralle 6 fM und dann 1 Km in die 1. fM der Rd häkeln, den Rest der Rd unbehäkelt lassen (= 6 M).

Den Fuß etwas mit Füllwatte ausstopfen.

3.–4. Rd: 6 fM häkeln (= 6 M).

5. Rd: Je 2 M zus häkeln (= 3 M).

Für die 2. Kralle die restlichen 6 fM der 2. Rd gemäß 2.–5. Rd behäkeln.

Abmaschen und einen langen Faden zum Annähen hängen lassen.

FLÜGEL (2 X)

In Cyclam 2 Lm anschl und in die 1. Lm 6 fM häkeln (= 6 M).

1. Rd: Jede 2. M verdoppeln (= 9 M).

2. Rd: Jede 3. M verdoppeln (= 12 M).

3. Rd: Jede 4. M verdoppeln (= 15 M).

4.–6. Rd: 15 fM häkeln (= 15 M).

Abmaschen und einen langen Faden zum Annähen hängen lassen.

SCHWANZFEDERN

In Phlox 18 Lm anschl und mit 1 Km in die 1. Lm zum Kreis schließen (= 18 M).

1. Rd: 18 fM häkeln (= 18 M).

2. Rd: Für die 1. Feder 6 fM häkeln und 1 Km in die 1. fM der Rd häkeln, den Rest der Rd unbehäkelt lassen (= 6 M).

3.–4. Rd: 6 fM häkeln (= 6 M).

5.–6. Rd: In Cyclam 6 fM häkeln (= 6 M).

7.–11. Rd: In Hellblau 6 fM häkeln (= 6 M).

12. Rd: Je 2 M zus häkeln (= 3 M).

Für die 2. Feder in der 2. Rd neben der 1. Feder 3 fM häkeln, 6 fM überspringen und ab der 7. M wieder 3 fM häkeln. Die letzte M durch 1 KM mit der 1. fM verbinden. Danach die 3.–12 Rd wie bei der 1. Feder häkeln.

Für die 3. Feder die restlichen 6 fM der 2. Rd wie bei der 1. Feder behäkeln.

Abmaschen und einen langen Faden zum Annähen hängen lassen.

FERTIGSTELLEN

Den Vogel, wie auf dem Modellbild zu sehen, zusammensetzen, dabei alle Fäden vernähen: Die Zeichnung oben mittig über Kopf und Körper legen und festnähen. Ans Ende der Zeichnung die Schwanzfedern nähen. Den mit Füllwatte ausgestopften Schnabel an den Beginn der Zeichnung und die Flügel seitlich an den Körper nähen. Die Füße unten am Körper befestigen. Zum Schluss die Augen über eine Breite von 2 M aufsticken und einen weißen Reflex in die Augen sticken.

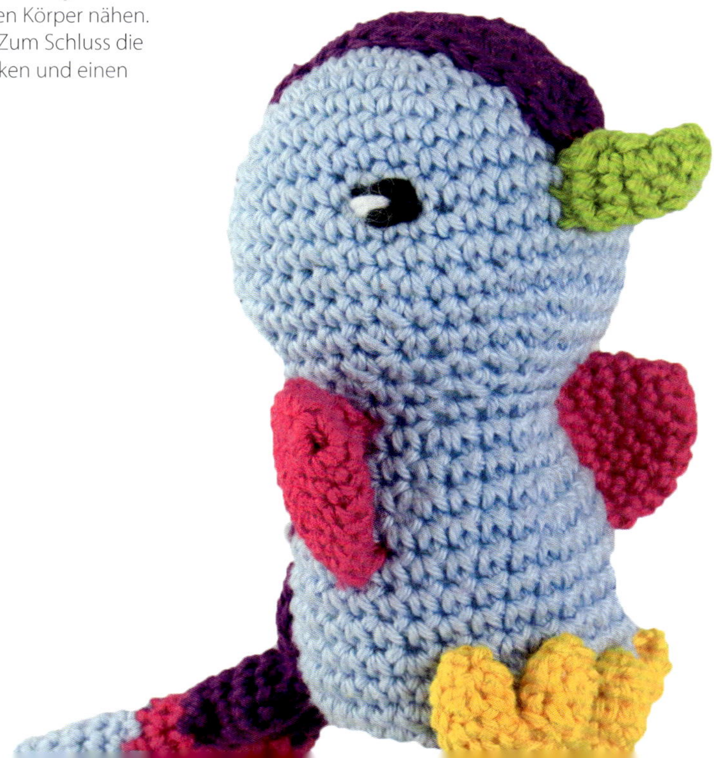

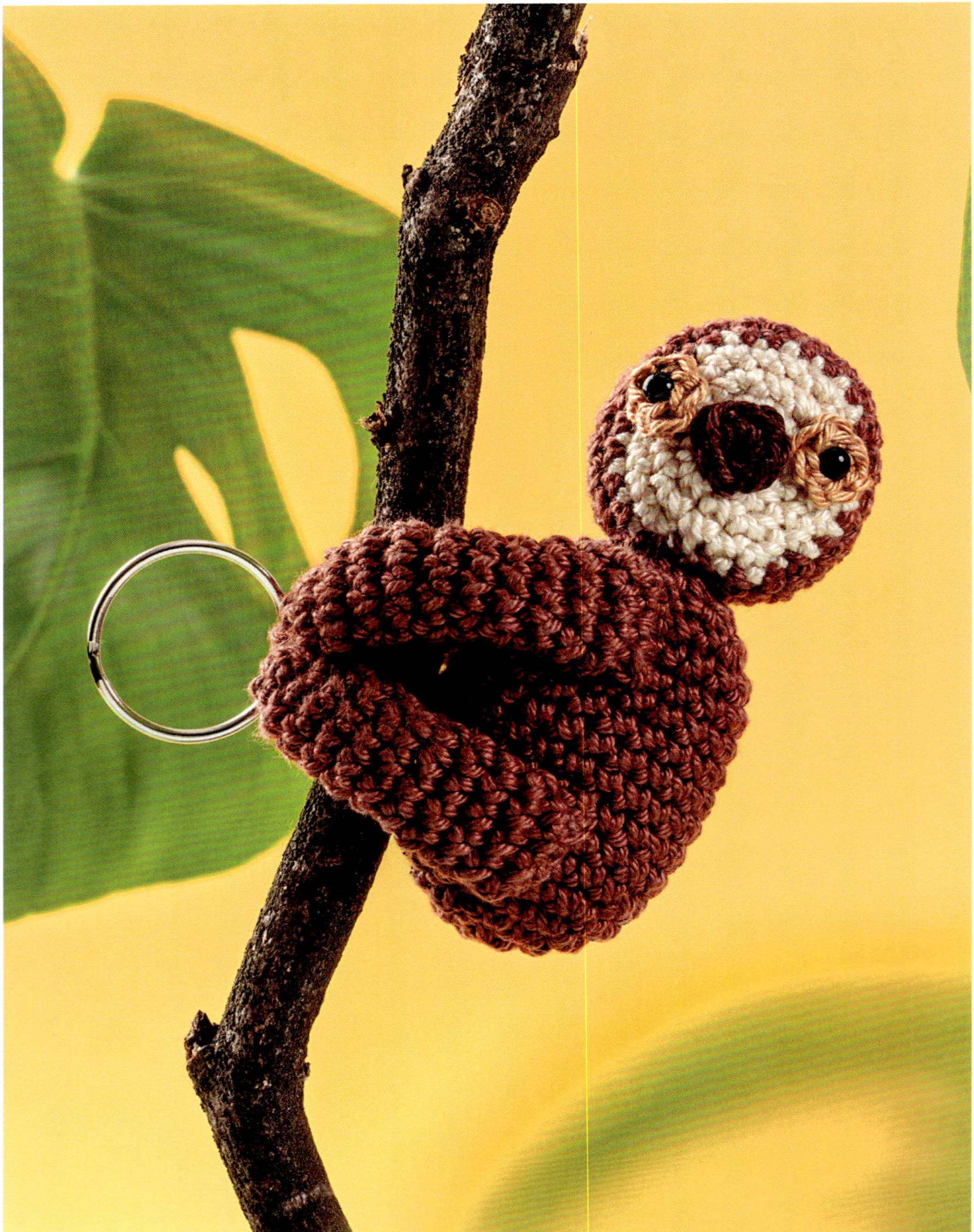

FANNY FAULTIER

SCHWIERIGKEITSGRAD ★★☆

♥ MATERIAL

- Woll Butt Camilla (100 % Baumwolle, LL ca. 125 m/50 g): jeweils Reste in Beige (Fb 35806), Mocca (Fb 24040), Schoko (Fb 21877) und Karamell (Fb 35947)
- Häkelnadel 3,0 mm
- 2 schwarze Kunststoffaugen mit Ösen zum Annähen, Ø 3 mm
- Füllwatte
- Wollnadel
- 1 Schlüsselring

♥ GRÖSSE

- Ca. 8 cm

♥ LOS GEHT'S

Körper und Kopf in Spiral-Rd aus fM häkeln und während des Häkelns nach und nach mit Füllwatte ausstopfen. Arme und Beine in Spiral-Rd häkeln, jedoch nicht füllen.

KÖRPER

In Mocca einen Magic Ring legen und wie folgt häkeln:

1. Rd: 6 fM.

2. Rd: Jede M verdoppeln (= 12 M).

3. Rd: Jede 2. M verdoppeln (= 18 M).

4. Rd: Jede 3. M verdoppeln (= 24 M).

5.–13. Rd: fM häkeln.

14. Rd: Jede 3. und 4. M zus häkeln (= 18 M).

15. Rd: Jede 2. und 3. M zus häkeln (= 12 M).

16. Rd: Je 2 M zus häkeln (= 6 M).

Abmaschen und einen langen Faden hängen lassen. Evtl. noch etwas Füllwatte nachstopfen. Dann die M der letzten Rd mit dem Faden zusammenziehen und diesen vernähen.

KOPF

In Beige einen Magic Ring legen und wie folgt häkeln:

1. Rd: 6 fM.

2. Rd: Jede M verdoppeln (= 12 M).

3. Rd: Jede 2. M verdoppeln (= 18 M).

4. Rd: Jede 3. M verdoppeln (= 24 M).

5.–8. Rd: Zu Mocca wechseln, fM häkeln (= 24 M).

9. Rd: Jede 3. und 4. M zus häkeln (= 18 M).

♥ WEITER GEHT'S

10. Rd: Jede 2. und 3. M zus häkeln (= 12 M).

11. Rd: Je 2 M zus häkeln (= 6 M).

Abmaschen und einen langen Faden hängen lassen. Evtl. noch etwas Füllwatte nachstopfen. Dann die M der letzten Rd mit dem Faden zusammenziehen und diesen vernähen.

ARME UND BEINE (JE 2 X)

In Mocca einen Magic Ring legen und wie folgt häkeln:

1. Rd: 6 fM.

2. Rd: Die 3. und 6. M verdoppeln (= 8 M).

3.–10. Rd: fM häkeln.

Abmaschen und einen langen Faden zum Annähen hängen lassen.

NASE

In Schoko einen Magic Ring legen und wie folgt häkeln:

1. Rd: 6 fM.

Abmaschen und einen langen Faden zum Annähen hängen lassen.

AUGEN (2 X)

In Karamell einen Magic Ring legen und wie folgt häkeln:

1. Rd: 6 fM.

Abmaschen und einen langen Faden zum Annähen hängen lassen.

FERTIGSTELLEN

Das Faultier, wie auf dem Modellbild zu sehen, zusammennähen: Die Nase mittig und die Augen beidseitig der Nase auf das Gesicht nähen, dabei in die Augenmitten je ein Kunststoffauge nähen. Den Kopf so auf den Körper nähen, dass das Gesicht zur Seite schaut. Arme und Beine an den Körper nähen. Dann die Hände und Füße jeweils zusammennähen und dabei den Schlüsselring anbringen. Alle Fäden vernähen.

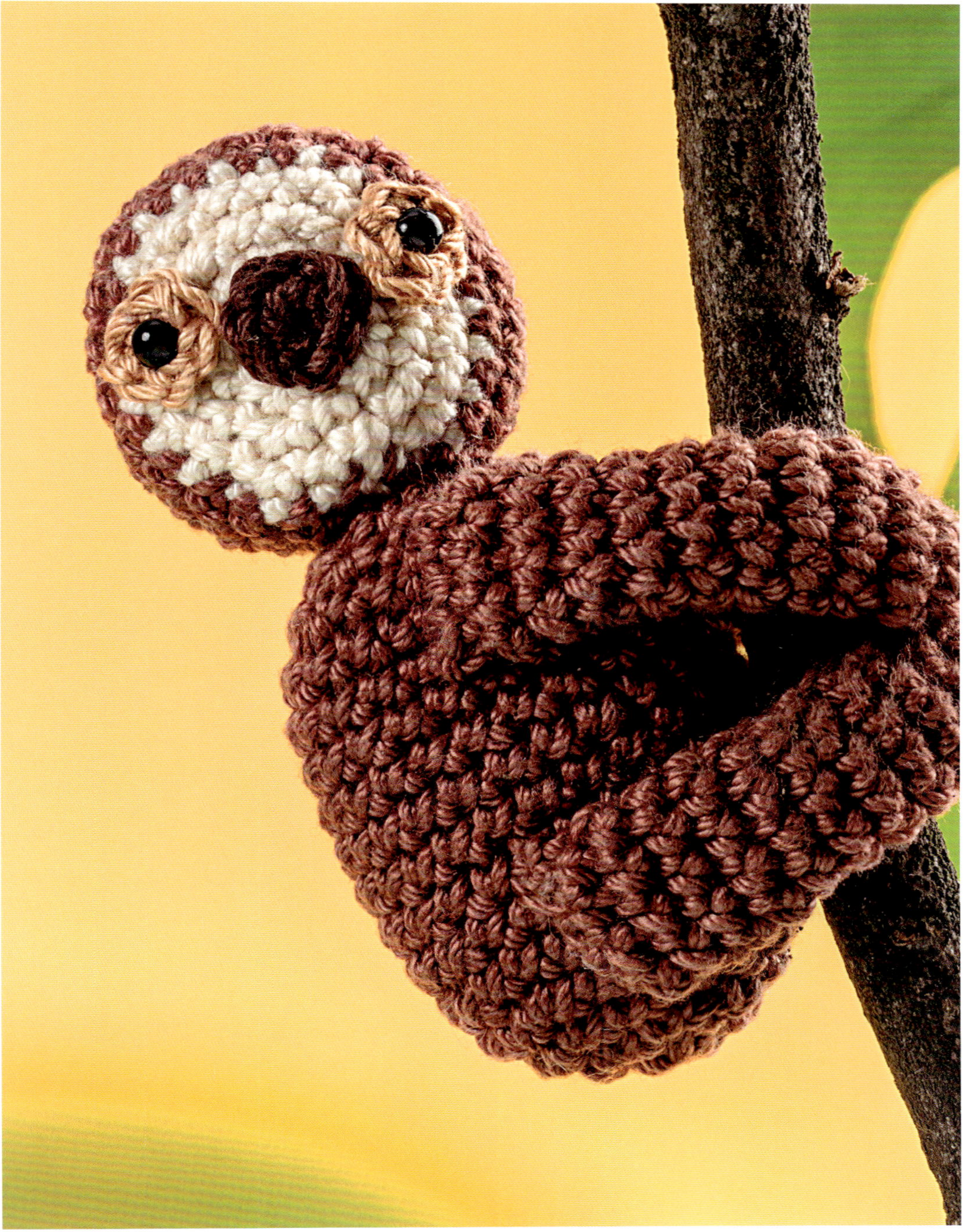

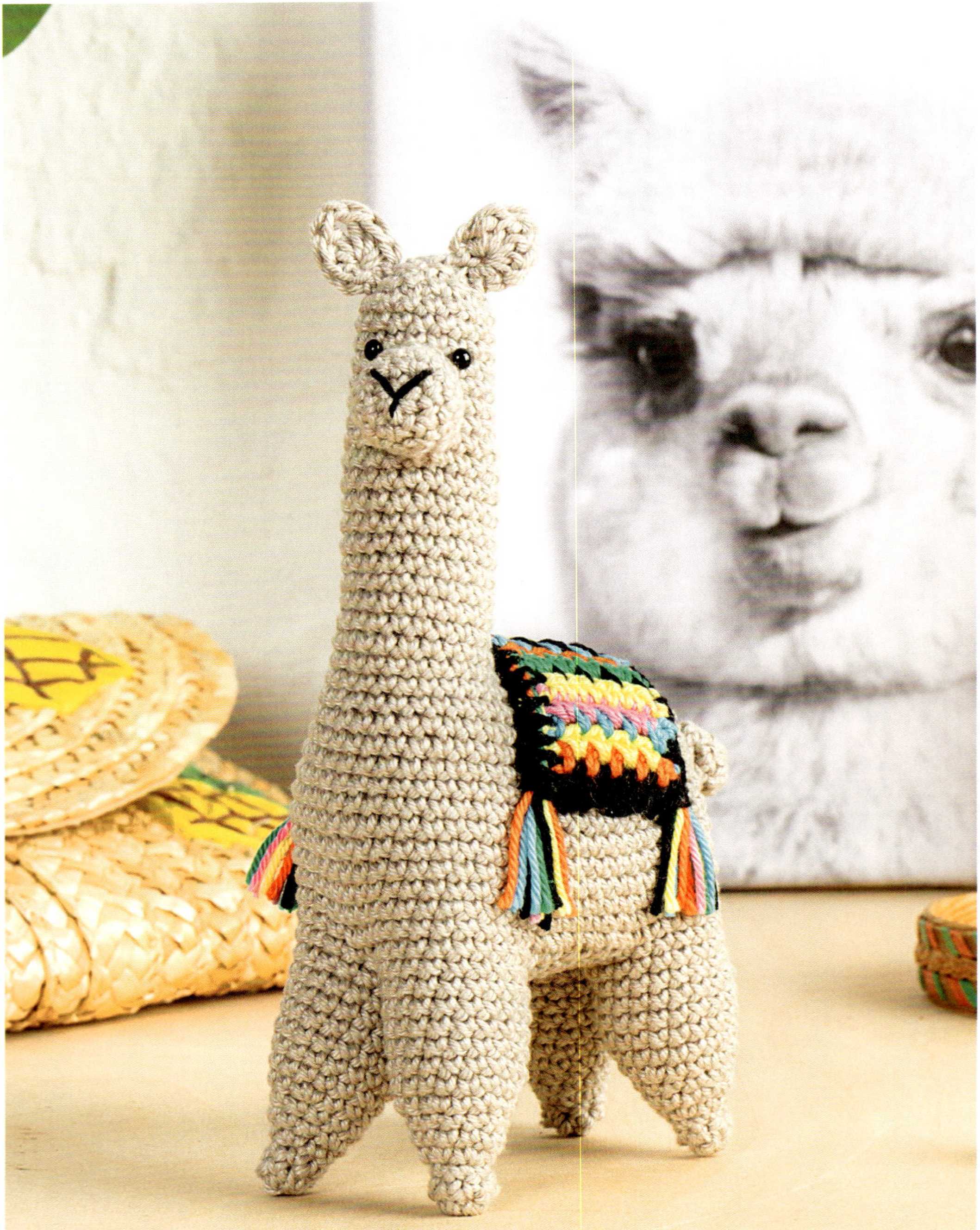

ANNA ALPAKA

SCHWIERIGKEITSGRAD ★★

MATERIAL

- Woll Butt Camilla (100 % Baumwolle, LL ca. 125 m/50 g) in Leinen (Fb 27158), 50 g, jeweils Reste in Schwarz (Fb 35435) und 4–5 Wunsch-Fb für die Decke
- Häkelnadel 3,0 mm
- 2 schwarze Kunststoffaugen mit Ösen zum Annähen, Ø 3 mm
- Füllwatte
- Wollnadel

GRÖSSE

- Ca. 18 cm

LOS GEHT'S

In Spiral-Rd aus fM von unten nach oben häkeln. Den Bauch in R häkeln, dabei jede R mit 1 Wende-Lm beginnen und das Häkelschema (siehe Seite 83) beachten. Während des Häkelns die Beine, den Körper, den Hals und den Kopf nach und nach fest mit Füllwatte ausstopfen. Die Decke in R häkeln, dabei für jede R eine andere Fb verwenden und jede R mit 1 Wende-Lm beginnen.

BEINE MIT KÖRPER, HALS UND KOPF

Für das **1. Bein** in Leinen einen Magic Ring legen und wie folgt häkeln:

1. Rd: 6 fM.

2. und 3 Rd: fM häkeln (= 6 M).

4. Rd: Jede M verdoppeln (= 12 M).

5. und 6. Rd: fM häkeln (= 12 M).

7. Rd: Jede 2. M verdoppeln (= 18 M).

8.–14. Rd: fM häkeln. Die letzte Rd mit 1 Km in die 1. fM schließen. Den Faden abschneiden.

Dann das **2. Bein** genauso häkeln, dabei jedoch nach der Km zum Schließen der letzten Rd den Faden **nicht** abschneiden, sondern die letzte Rd beider Beine Außenseite an Außenseite über 4 M aneinanderlegen und über diese mit je 1 fM zus häkeln. Hierbei das Häkelschema (siehe Seite 83) beachten. Dann erst den Faden abschneiden. Für das **3. und 4. Bein** genauso vorgehen.

Danach für den **Bauch** den Faden am 4. Bein an der mit einem roten Punkt unterlegten fM neu anschlingen, 1 Lm häkeln, dann 1 fM in die gekennzeichnete M arbeiten und wie folgt in R weiterhäkeln:

1. R: Je 1 fM in die folgenden 4 fM vom 4. Bein, dann je 1 fM in die folgenden 5 fM vom 3. Bein (= 10 M).

2.–6. R: fM häkeln.

♥ WEITER GEHT'S

7. R: Die fM der 6. R mit den entsprechenden fM des 2. und 1. Beins mit fM zus häkeln (= 10 M).

Anschließend übergangslos dem Richtungspfeil folgend für den Körper in Rd weiterhäkeln:

1. Rd (in Blau gezeichnet): 1 Lm zusätzlich, je 1 fM in die folgenden 12 fM des 1. Beins, je 1 fM in die folgenden 12 fM des 2. Beins, je 1 fM in den rechten seitlichen Rand der 1.–6. Bauch-R, je 1 fM in die folgenden 12 fM des 4. Beins, je 1 fM in die folgenden 12 fM des 1. Beins und je 1 fM in den linken seitlichen Rand der 1.–6. Bauch-R (= 60 M).

2.–11. Rd: fM häkeln (= 60 M).

Nun in der vorderen Körpermitte die mittleren 20 M mit einem Kontrastfaden markieren. Die im Folgenden beschriebenen Abn jeweils gleichmäßig verteilt über den restlichen 40 M des Körpers ausführen, über den markierten mittleren M keine Abn vornehmen.

12. Rd: fM häkeln, dabei 12 x je 2 M zus häkeln (= 48 M).

13. Rd: fM häkeln (= 48 M).

14. Rd: fM häkeln, dabei 10 x je 2 M zus häkeln (= 38 M).

15. Rd: fM häkeln (= 38 M).

16. Rd: fM häkeln, dabei 10 x je 2 M zus häkeln (= 28 M).

Dann auf dem **Rücken**, von der hinteren Mitte nach vorne gehend, beidseitig je 4 M gegeneinanderlegen und zusammennähen.

Über die markierten vorderen 20 M für den **Hals** wie folgt in Rd weiterhäkeln:

17.–25. Rd: fM häkeln (= 20 M).

Danach für den **Kopf** wie folgt häkeln:

26. Rd: fM häkeln, dabei 3 x jede 4. und 5. M zus häkeln (= 17 M).

27.–32. Rd: fM häkeln (= 17 M).

33. Rd: fM häkeln, dabei 5 x jede 2. und 3. M zus häkeln (= 12 M)

34. Rd: Je 2 M zus häkeln (= 6 M).

Den Faden lang abschneiden, abmaschen. Evtl. noch etwas Füllwatte nachlegen und die M der letzten Rd mit dem Faden zusammenziehen. Den Faden vernähen.

SCHNAUZE

In Leinen einen Magic Ring legen und wie folgt häkeln:

1. Rd: 6 fM.

2. Rd: Jede M verdoppeln (= 12 M).

3.–6. Rd: fM häkeln. Die letzte Rd mit 1 Km in die 1. M schließen.

Abmaschen und einen langen Faden zum Annähen hängen lassen.

OHR (2 X)

In Leinen 3 Lm anschl. In die 1. Lm 2 fM, 2 Stb, 1 Lm, 2 Stb und 2 fM häkeln.

Abmaschen und einen langen Faden zum Annähen hängen lassen.

SCHWANZ

In Leinen einen Magic Ring legen und wie folgt häkeln:

1. Rd: 8 fM.

2. und 3. Rd: fM häkeln (= 8 M).

4. Rd: Immer 2 M zus häkeln (= 4 M).

Den Faden lang abschneiden, abmaschen und die M der letzten Rd damit zusammenziehen und den Faden vernähen.

DECKE

In Schwarz 10 Lm anschl und in R häkeln. Für jede R eine andere Fb verwenden. Dafür die letzten beiden Schlingen der letzten fM einer R bereits mit der nächsten Fb abmaschen und 1 Wende-Lm häkeln. Den Faden nach jeder R abschneiden. Die Anfangs- und Endfäden jeder Fb stets ca. 8 cm lang lassen, diese werden später überhäkelt.

1. R: In jede Lm 1 fM, dabei die 1. fM in die 2. Lm von der Nd aus arbeiten (= 9 fM).

2. R: 1 Wende-Lm, 1 fM in die 1. M, * 1 Lm, 1 fM überspringen, 1 fM *, von * bis * noch 3 x wdh (= 9 M).

3. R: 1 Wende-Lm, um jede folgende Lm 2 fM, 1 fM in die letzte fM (= 9 M).

4. R: 1 Wende-Lm, dann fM häkeln (= 9 M).

♥ WEITER GEHT'S

Dann die 2.–4. R noch 5 x wdh, dabei die letzte R in Schwarz ausführen und den Faden **nicht** abschneiden. Die überstehenden Anfangs- und Endfäden von der Deckenmitte aus an den Längsseiten nach außen zu den Ecken legen. Nun mit dem schwarzen Faden der letzten R die gesamte Decke mit fM umhäkeln, dabei die Fadenbündel an den Längsseiten jeweils bis zu den Ecken überhäkeln. In den Ecken je 2 fM in eine Einstichstelle arbeiten. Zuletzt die Fadenbündel zu ca. 2 cm langen Fransen zurückschneiden.

Abmaschen und einen langen Faden zum Annähen hängen lassen.

FERTIGSTELLEN

Zuerst für den Mund in Schwarz ein „Y" mittig auf die Schnauze sticken. Die Schnauze mit Füllwatte füllen und ca. 2 cm von der oberen Kopfmitte entfernt in der vorderen Mitte an den Kopf nähen. Dann die Ohren in der oberen Kopfmitte annähen, dabei zwischen beiden Ohren ca. 1 cm Abstand lassen. Die Augen knapp oberhalb der Schnauze beidseitig an den Kopf nähen. Den Schwanz mittig an das Hinterteil nähen. Zuletzt die Decke über den Rücken legen und mit einigen kleinen unsichtbaren Stichen fixieren. Alle Fäden vernähen.

HÄKELSCHEMA

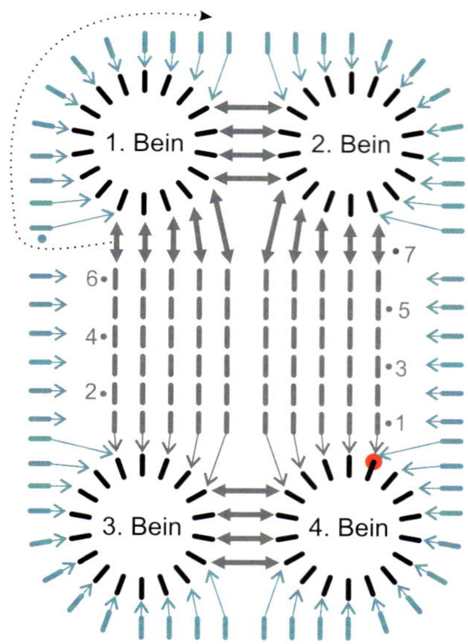

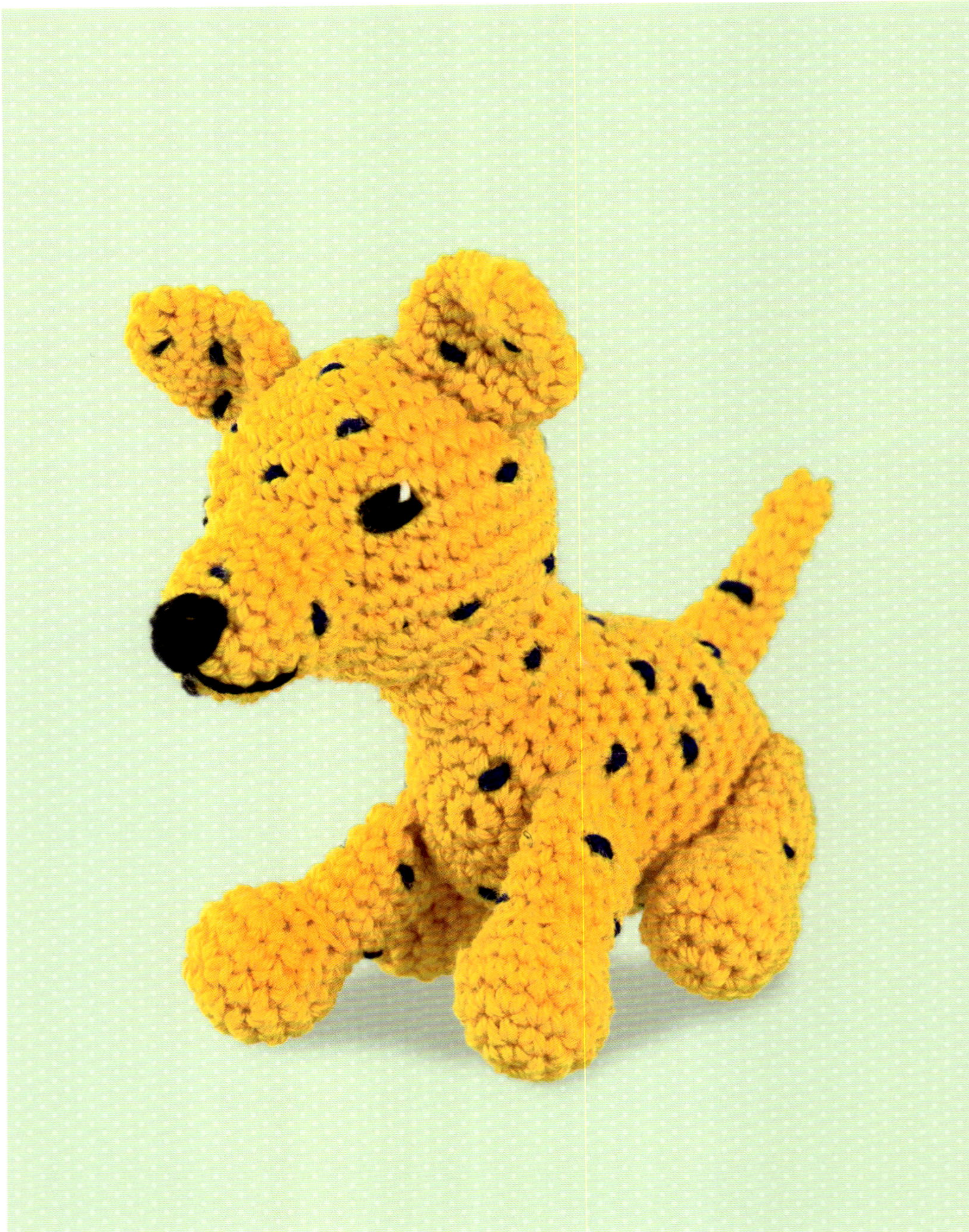

HANSI HUND

SCHWIERIGKEITSGRAD ★★☆

MATERIAL

- Schachenmayr Catania (100 % Baumwolle, LL 125 m/50 g) in Sonne (Fb 208), 25 g, Reste in Royal (Fb 201), Weiß (Fb 106) und Schwarz (Fb 110)
- Häkelnadel 2,5 mm
- Wollnadel
- Füllwatte

GRÖSSE

- 10 cm

LOS GEHT'S

Jede R wird mit 1 Wende-Lm begonnen.
Jede Rd wird mit 1 Steige-Lm begonnen und mit 1 Km in die 1. Lm beendet.

KOPF

In Sonne 2 Lm anschl und in die 1. Lm 6 fM häkeln (= 6 M).

1. Rd: Jede M verdoppeln (= 12 M).

2. Rd: Jede 2. M verdoppeln (= 18 M).

3. Rd: Jede 3. M verdoppeln (= 24 M).

4. Rd: Jede 4. M verdoppeln (= 30 M).

5. Rd: Jede 5. M verdoppeln (= 36 M).

6.–10. Rd: 36 fM häkeln (= 36 M).

11. Rd: Jede 5. und 6. M zus häkeln (= 30 M).

12. Rd: Jede 4. und 5. M zus häkeln (= 24 M).

Den Kopf mit Füllwatte ausstopfen.

13. Rd: Jede 3. und 4. M zus häkeln (= 18 M).

14. Rd: Jede 2. und 3. M zus häkeln (= 12 M).

15. Rd: Je 2 M zus häkeln (= 6 M).

Abmaschen und langen Faden zum Vernähen hängen lassen.

KÖRPER

In Sonne 2 Lm anschl und in die 1. Lm 6 fM häkeln (= 6 M).

1. Rd: Jede M verdoppeln (= 12 M).

2. Rd: Jede 2. M verdoppeln (= 18 M).

3. Rd: Jede 3. M verdoppeln (= 24 M).

4. Rd: 24 fM häkeln (= 24 M).

5. Rd: Jede 4. M verdoppeln (= 30 M).

6.–8. Rd: 30 fM häkeln (=30 M).

♥ WEITER GEHT'S

9. Rd: Jede 5. M verdoppeln (= 36 M).

10. Rd: 36 fM häkeln (= 36 M).

11. Rd: Jede 5. und 6. M zus häkeln (= 30 M).

12. Rd: Jede 4. und 5. M zus häkeln (= 24 M).

Den Körper mit Füllwatte ausstopfen.

13. Rd: Jede 3. und 4. M zus häkeln (= 18 M).

14. Rd: Jede 2. und 3. M zus häkeln (= 12 M).

15. Rd: Je 2 M zus häkeln (= 6 M).

Abmaschen, die Fäden vernähen, dabei die Öffnung zusammenziehen.

SCHNAUZE

In Sonne 2 Lm anschl und in die 1. Lm 6 fM (= 6 M).

1. Rd: Jede M verdoppeln (= 12 M).

2. Rd: Jede 6. M verdoppeln (= 14 M).

3. Rd: Jede 7. M verdoppeln (= 16 M).

4. Rd: Jede 8. M verdoppeln (= 18 M).

5. Rd: 18 fM häkeln (= 18 M).

Abmaschen und einen langen Faden zum Annähen hängen lassen.

OHR (2 X)

In Sonne 2 Lm anschl und in die 1. Lm 6 fM häkeln (= 6 M).

1. Rd: Jede 3. M verdoppeln (= 8 M).

2. Rd: Jede 4. M verdoppeln (= 10 M).

3. Rd: Jede 5. M verdoppeln (= 12 M).

4. Rd: Jede 6. M verdoppeln (= 14 M).

5. Rd: 14 fM häkeln (= 14 M).

6. Rd: Jede 6. und 7. M zus häkeln (= 12 M).

7. Rd: Jede 5. und 6. M zus häkeln (= 10 M).

Abmaschen und einen langen Faden zum Annähen hängen lassen.

HALS

In Sonne 20 Lm anschl und mit 1 Km in die 1. Lm zum Kreis schließen (= 20 M).

1.–2. Rd: 20 fM häkeln (= 20 M).

Abmaschen, langen Faden zum Annähen hängen lassen.

BEIN (4 X)

In Sonne 2 Lm anschl und in die 1. Lm 6 fM (= 6 M).

1. Rd: Jede M verdoppeln (= 12 M).

2. Rd: Jede 3. M verdoppeln (= 18 M).

3. Rd: 18 fM häkeln (= 18 M).

Nun den Fuß mit Füllwatte ausstopfen.

4. Rd: Jede 2. und 3. M zus häkeln (= 12 M).

5. Rd: Jede 3. und 4. M zus häkeln (= 9 M).

6. Rd: fM ihM, dabei jede 3. M verdoppeln (= 12 M).

7.–10. Rd: 12 fM häkeln (= 12 M).

Jetzt das Bein nur leicht mit Füllwatte ausstopfen.

11. Rd: Je 2 M zus häkeln (= 6 M).

Abmaschen und einen langen Faden zum Annähen hängen lassen.

SCHWANZ

In Sonne 2 Lm anschl und in die 1. Lm 4 fM (= 4 M).

1.–2. Rd: 4 fM häkeln (= 4 M).

3. Rd: Jede 2. M verdoppeln (= 6 M).

4.–5. Rd: 6 fM häkeln (= 6 M).

6. Rd: Jede 3. M verdoppeln (= 8 M).

7.–9. Rd: 8 fM häkeln (= 8 M).

Abmaschen und einen langen Faden zum Annähen hängen lassen.

FERTIGSTELLEN

Den Hund, wie auf dem Modellbild zu sehen, zusammennähen, dabei alle Fäden vernähen: Den Hals auf dem Körper festnähen, mit Füllwatte ausstopfen und darauf den Kopf annähen. Die mit Füllwatte ausgestopfte Schnauze vorne am Kopf und die Ohren seitlich annähen. Die Beine und den Schwanz am Körper befestigen. Zum Schluss die Nase, die Augen über 2 M Breite mit Reflexstich und die Punkte mit Royal im Knötchenstich auf den ganzen Körper aufsticken.

♥ WEITER GEHT'S

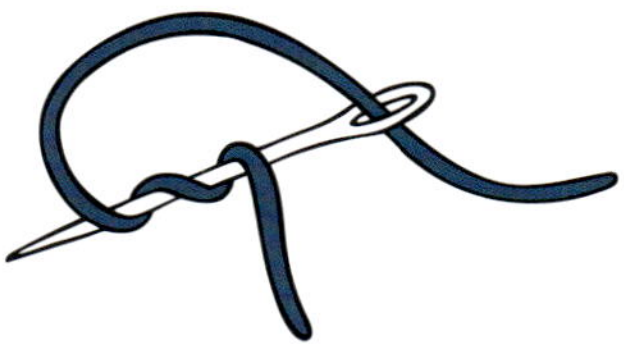

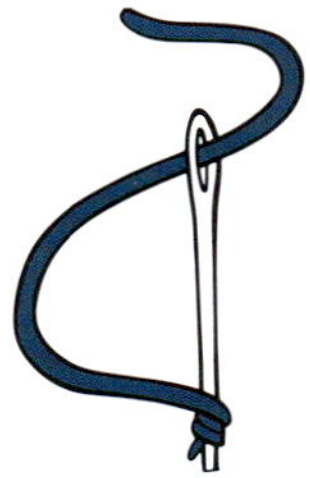

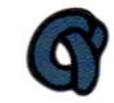

KNÖTCHENSTICH
Den Faden mehrmals um die Nadel wickeln …

… in die Einstichstelle einstechen und den Faden fixieren.

So sieht der fertige Knötchenstich aus.

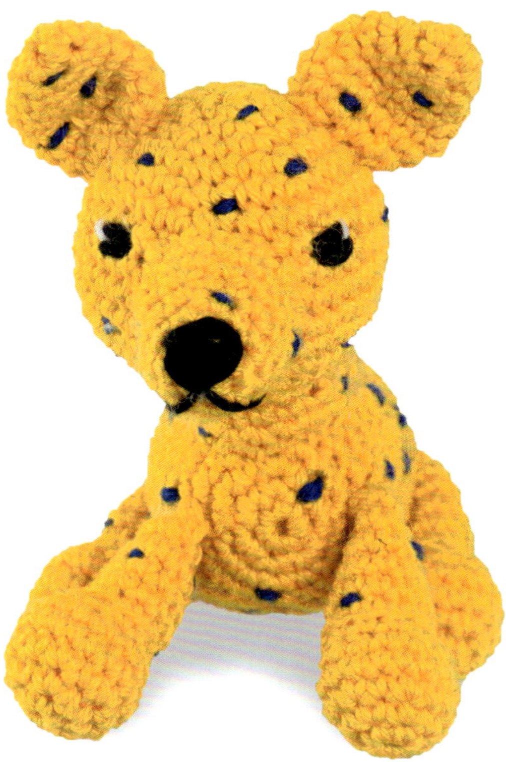

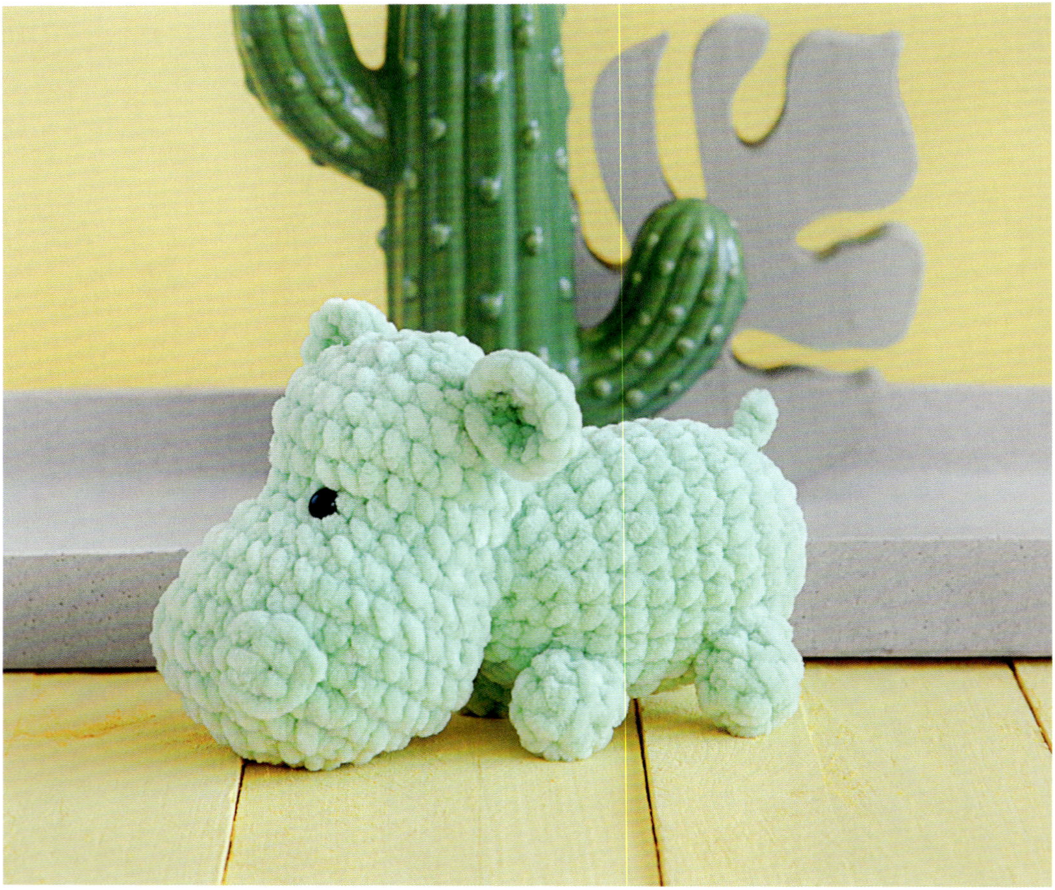

SCHWIERIGKEITSGRAD ★☆☆

MATERIAL

- Woll Butt Candy (100 % Polyester, LL 120 m/100 g) in Mint, ca. 30 g
- Häkelnadel 5,0 mm
- Füllwatte
- 2 Sicherheitsaugen, Ø 8,0 mm

GRÖSSE

- 15 cm

LOS GEHT'S

Das Nilpferd wird mit fM in Spiral-Rd gehäkelt.

KOPF

1. Rd: Häkeln Sie in Mint 6 fM in einen Magic Ring (= 6 M).

2. Rd: Jede M verdoppeln (= 12 M).

3. Rd: Jede 2. M verdoppeln (= 18 M).

4. Rd: Jede 3. M verdoppeln (= 24 M).

5. Rd: Jede 4. M verdoppeln (= 30 M).

NONO NILPFERD

6.–8. Rd: fM häkeln (= 30 M).

9. Rd: Jede 2. und 3. M zus häkeln (= 20 M).

10.+11. Rd: fM häkeln (= 20 M).

12. Rd: Jede 5. M verdoppeln (= 24 M).

13.+14. Rd: fM häkeln (= 24 M).

Den Kopf mit Füllwatte ausstopfen und die Sicherheitsaugen anbringen.

15. Rd: Jede 3. und 4. M zus häkeln (= 18 M).

16. Rd: Jede 2. und 3. M zus häkeln (= 12 M).

Noch etwas Füllwatte nachstopfen.

17. Rd: Je 2 M zus häkeln (= 6 M).

Abmaschen, den Faden mit einer Wollnadel durch alle 6 M fädeln und die Öffnung zusammenziehen. Den Faden sorgfältig im Inneren vernähen.

KÖRPER

1. Rd: In Mint 6 fM in einen Magic Ring häkeln (= 6 M).

2. Rd: Jede M verdoppeln (= 12 M).

3. Rd: Jede 2. M verdoppeln (= 18 M).

4. Rd: Jede 3. M verdoppeln (= 24 M).

5.–11. Rd: fM häkeln (= 24 M).

12. Rd: Jede 3. und 4. M zus häkeln (= 18 M).

Den Körper mit Füllwatte ausstopfen.

13. Rd: Jede 2. und 3. M zus häkeln (= 12 M).

14. Rd: Je 2 M zus häkeln (= 6 M).

Abmaschen, den Faden mit einer Wollnadel durch alle 6 M fädeln und die Öffnung zusammenziehen. Den Faden sorgfältig im Inneren vernähen.

BEINE (4 X)

1. Rd: In Mint 6 fM in einen Magic Ring häkeln (= 6 M).

2.+3. Rd: fM häkeln (= 6 M).

Abmaschen, dabei den Faden lang hängen lassen und die Beine mit etwas Füllwatte befüllen.

OHREN (2 X)

1. Rd: In Mint 6 fM in einen Magic Ring häkeln (= 6 M).

2. Rd: Jede M verdoppeln (= 12 M).

3.+4. Rd: fM häkeln (= 12 M).

Abmaschen und einen langen Faden zum Annähen hängen lassen.

NASENLÖCHER (2 X)

1. Rd: In Mint 6 fM in einen Magic Ring häkeln und die Rd mit 1 Km schließen.

Abmaschen und einen langen Faden zum Annähen hängen lassen.

FERTIGSTELLUNG

Das Nilpferd, wie auf dem Modellbild zu sehen, zusammennähen, dabei alle Fäden vernähen: Zuerst den Kopf auf den Körper nähen, sodass der schmalere Teil des Kopfes nach oben zeigt. Die Nasenlöcher aufnähen. Danach jeweils den Rand der Ohren zusammenklappen und die Ohren am Kopf annähen. Danach die Beine am Körper befestigen. Für den Schwanz mit der Häkelnadel am hinteren Teil des Körpers einstechen, 2 Lm häkeln, abmaschen und den Faden beim Vernähen zurück in den Körper führen.

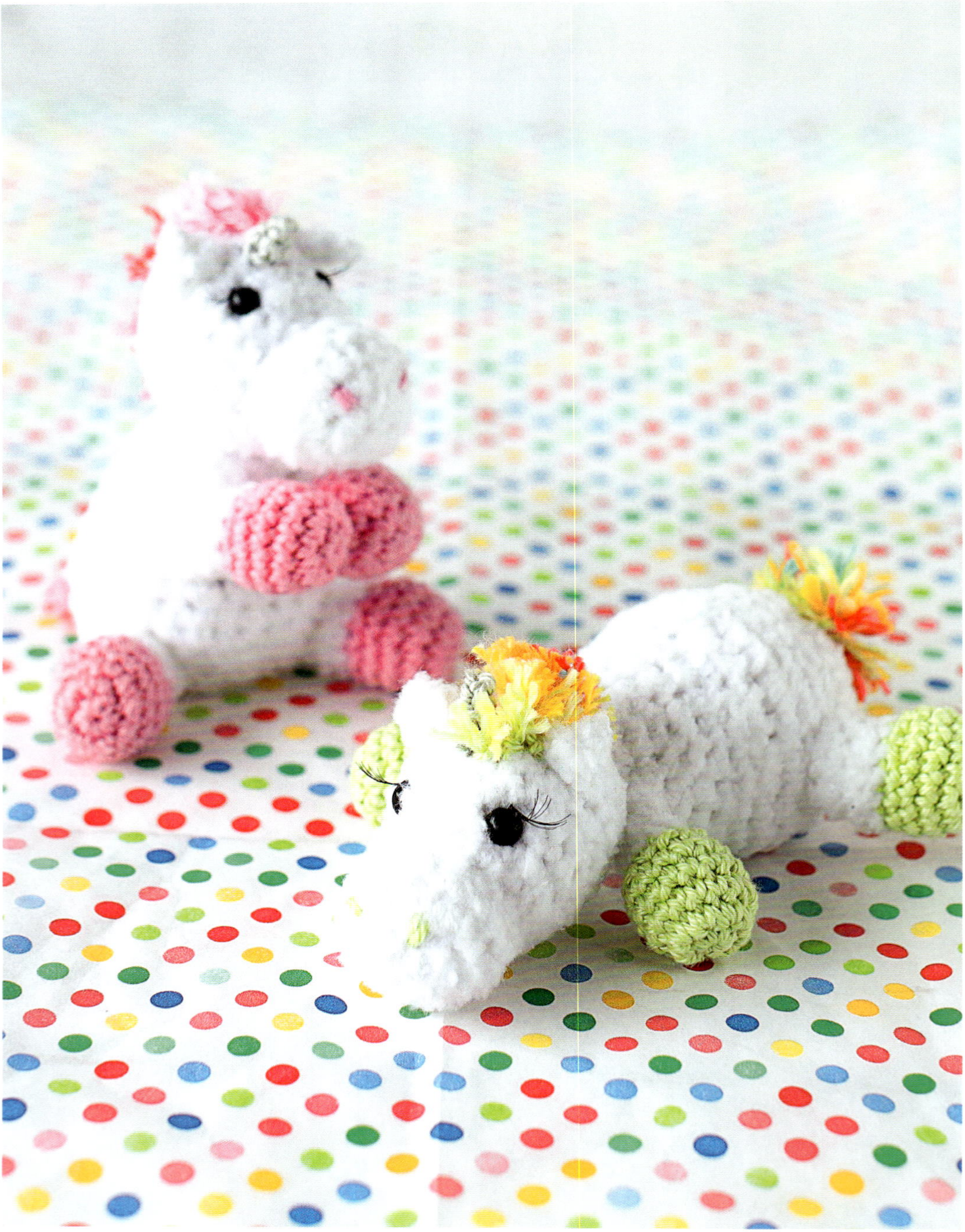

ELSA EINHORN

SCHWIERIGKEITSGRAD ★★

♥ MATERIAL

- Lana Grossa Baby Soft (60 % Polyamid, 40 % Baumwolle, LL 150 m/50 g) in Weiß (Fb 01), 50 g
- Schachenmayr Catania (100 % Baumwolle, LL 125 m/50 g): Reste in Silber (Fb 172) und in Wunsch-Fb für die Hufe
- Je 2 schwarze Sicherheitsaugen, Ø 6 mm
- Häkelnadel 2,5 mm
- Füllwatte
- Kirschkerne oder Granulat
- Wimpern (optional)
- Wollnadel

♥ GRÖSSE

- Ca. 9 x 14 cm

♥ LOS GEHT'S

Die Einhörner werden mit fM in Spiral-Rd gehäkelt. Dann werden die Teile unterschiedlich zusammengefügt.

KÖRPER

1. Rd: In Weiß 7 fM in einen Magic Ring häkeln. Den Faden festziehen (= 7 M).

2. Rd: Den Rd-Beginn mit einem Kontrastfaden markieren und spiralförmig weiterarbeiten, jede M verdoppeln (= 14 M).

3. Rd: Jede 2. M verdoppeln (= 21 M).

4. Rd: Jede 3. M verdoppeln (= 28 M).

5.–10. Rd: fM (= 28 M).

11. Rd: Jede 3. M überspringen (= 19 M).

12.–14. Rd: fM (= 19 M).

15. Rd: Jede 2. M überspringen (= 10 M).

16.–18. Rd: fM (= 10 M).

Die Rd mit 1 Km schließen, den Faden mit einem Rest abschneiden und diesen durch die Km ziehen. Den Körper großzügig und gleichmäßig mit Kirschkernen oder Granulat füllen und die Öffnung mit dem Restfaden kreuzförmig zusammennähen.

ARME/BEINE (4 X)

1. Rd: In der Wunsch-Fb 7 fM in einen Magic Ring häkeln. Den Faden festziehen.

2. Rd: Spiralförmig weiterarbeiten, jede M verdoppeln (= 14 M).

3. Rd: Jede 7. M verdoppeln (= 16 M).

4. Rd: fM (= 16 M).

5. Rd: Jede 2. M überspringen, die Rd mit 1 Km schließen (= 8 M).

6. Rd: fM (= 8 M).

7. Rd: In Weiß fM häkeln (= 8 M).

8.–9. Rd: fM, die letzte Rd mit 1 Km schließen, den Faden mit einem langen Rest abschneiden und durch die letzte M ziehen (= 8 M).

KOPF

1. Rd: In Weiß 3 Lm (2 + 1) anschl, ab der 2. M nach der Nd je 3 fM in 1 M arbeiten (= 6 M).

2. Rd: Den Rd-Beginn mit einem Kontrastfaden markieren und spiralförmig weiterarbeiten, jede M verdoppeln (= 12 M).

3. Rd: Jede 2. M verdoppeln (= 18 M).

4. Rd: Jede 9. M verdoppeln (= 20 M).

5. Rd: fM (= 20 M).

6. Rd: Jede 2. M überspringen (= 10 M).

7. Rd: Jede 2. M verdoppeln (= 20 M).

Nun den Kontrastfaden entfernen.

♥ WEITER GEHT'S

8. Rd: Auf der Oberseite des Kopfes 4 beliebige M verdoppeln (= 24 M).

9.–11. Rd: fM (= 24 M).

12. Rd: Jede 3. M überspringen (= 16 M).

13. Rd: fM, in der 10. Rd mit einem Abstand von 6 M die Augen zwischen die M stechen und auf der Rückseite sichern (= 16 M).

14. Rd: Jede 2. M überspringen (= 8 M).

15. Rd: fM (= 8 fM).

Den Faden mit einem längeren Rest abschneiden und durch die letzte M ziehen. Den Kopf sorgfältig und straff ausstopfen und mit dem Restfaden zus nähen.

OHR (2 X)

Am Kopf, das Gesicht zeigt nach vorn, in der 12. Rd 6 M rechts von der Mitte den Faden neu anschl und in die folgenden 3 M je 1 fM häkeln.

2. R: 1 Wende-Lm, 3 fM.

3. R: 1 Wende-Lm, 1 fM.

4. R: Die Arbeit wenden, 1 Km.

Den Faden abschneiden und diesen durch die M ziehen.

Das zweite Ohr gegengleich arbeiten.

HORN

Weiterhin direkt am Kopf mit Nd 2,0 mm in Silber arbeiten.

1. Rd: In der 12. Rd mittig den Faden neu anschl und über 4 M ringsum im Kreis eine Rd bilden, gleich spiralförmig weiterarbeiten.

2. Rd: 1 M überspringen, fM häkeln (= 3 M).

3. Rd: 2 M zus abmaschen, 1 M übrig lassen.

Den Faden abschneiden und diesen durch die M ziehen.

FERTIGSTELLEN

Die Teile nach der jeweiligen Anleitung, wie auf dem Modellbild zu sehen, zusammenfügen.

EINHORN SITZEND

Den Körper hinsetzen, sodass er aufrecht ist. Den Kopf mit dem Gesicht etwas nach unten geneigt auf den Körper setzen und mit dem Restfaden vom Kopf festnähen. Die Beine seitlich sitzend neben dem Körper annähen. Die Arme etwas schräg an den Körper nähen und evtl. die Hufe zusammennähen. Alle Fäden vernähen.

EINHORN LIEGEND

Den Körper flach hinlegen und die Arme und Beine seitlich in gleicher Höhe annähen, sodass sie auf dem Boden liegen. Den Kopf etwas seitlich gedreht an die Spitze des Körpers nähen. Alle Fäden vernähen.

MÄHNE

Ca. 8 cm lange Fäden schneiden und neben dem Horn beginnend am Kopf entlang nach unten einzeln einknüpfen. Nun die Fäden mit einem Haarkamm oder einer Bürste in die einzelnen Fasern teilen, sodass die Mähne buschig wird. Evtl. mit einer Nd nachhelfen und die Fäden auffächern und teilen. Die Mähne nach oben kämmen und alle Fäden auf gleiche Länge kürzen.

SCHWEIF

Ca. 20 Fäden wie für die Mähne zurechtschneiden. In der Mitte bündeln und zusammenbinden. Diese ebenfalls mit dem Kamm teilen und evtl. mit einer Nd nachhelfen.

Den Schweif mit einem Faden bündeln und am Hinterteil des Einhorns festnähen, den Faden vernähen. Die Strähnen auf gleiche Länge kürzen.

Wer möchte, klebt oben an die Augen kleine Wimpernbündel aus dem Drogeriemarkt.

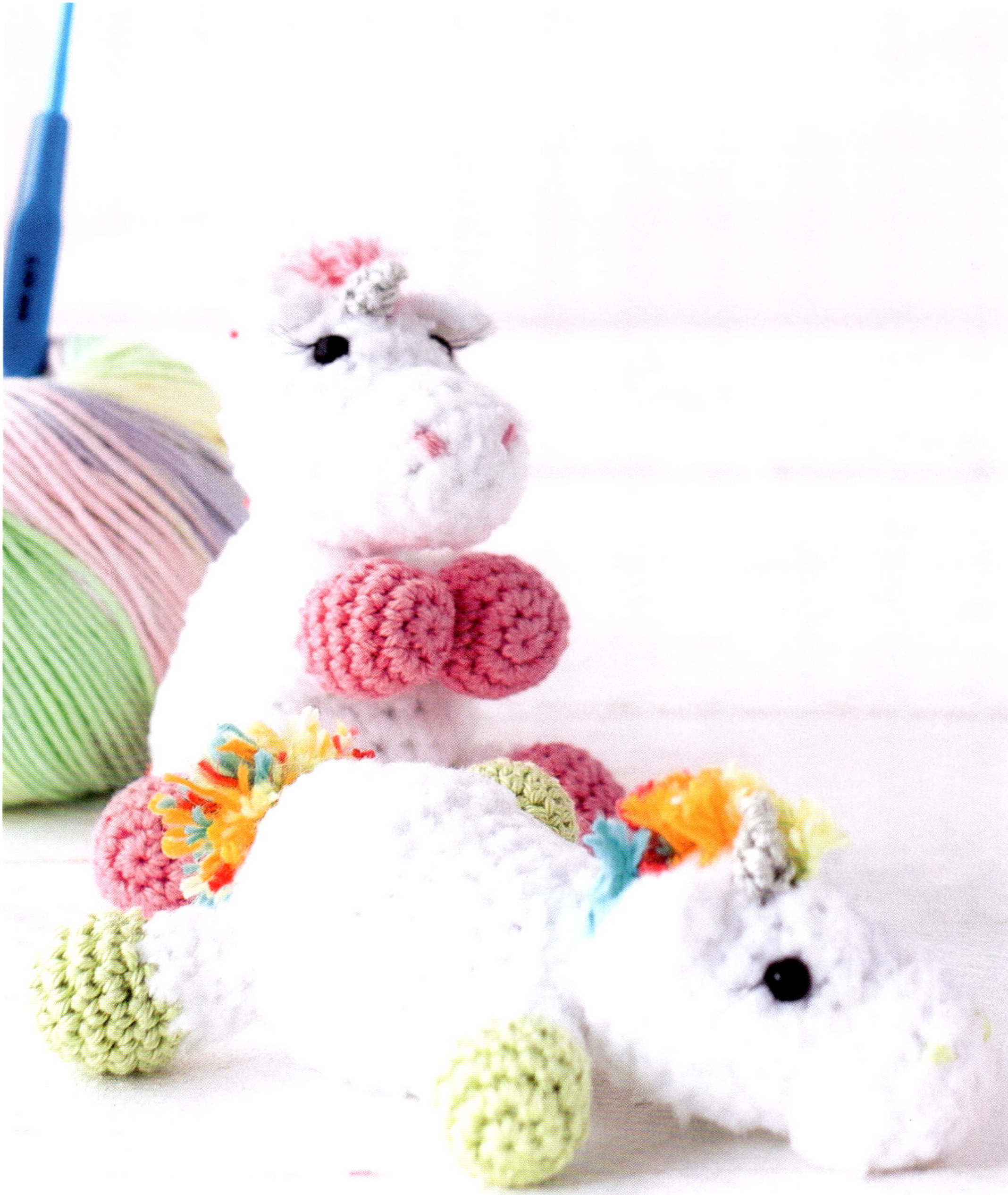

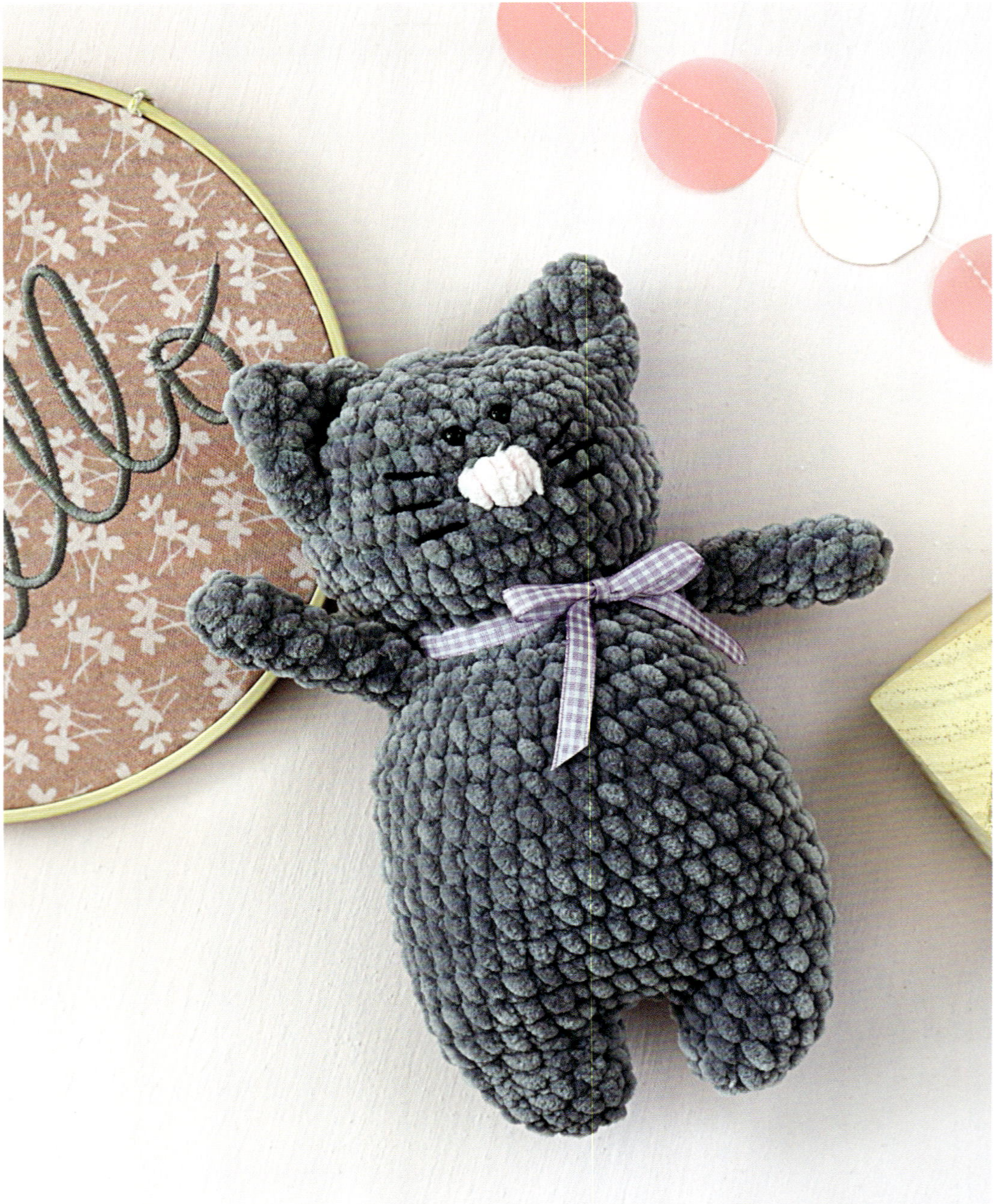

KARLA KATZE

SCHWIERIGKEITSGRAD ★★

♥ MATERIAL

- Woll Butt Candy (100 % Polyester, LL 120 m/100 g) in Grau (Fb 10616), ca. 30 g, und ein Rest in Rosa (Fb 29274)
- Rest Baumwollgarn in Schwarz zum Aufsticken der Augen und Barthaare
- Häkelnadel 5,0 mm
- Füllwatte
- Sicherheitsaugen, ø 6,0 mm
- Evtl. Schleifenband
- Wollnadel

♥ GRÖSSE

- 20 cm

♥ LOS GEHT'S

Die Katze wird aus fM in Spiral-Rd gehäkelt.

BEINE (2 X)

1. Rd: In Grau 6 fM in einen Magic Ring häkeln (= 6 M).

2. Rd: Jede 2. M verdoppeln (= 9 M).

3. Rd: Jede 3. M verdoppeln (= 12 M).

4. Rd: fM häkeln (= 12 M).

Beim 1. Bein den Faden abschneiden und abmaschen. Beim 2. Bein den Faden nicht abschneiden, sondern direkt mit dem Körper weiterarbeiten.

KÖRPER

5. Rd: Direkt an das 2. Bein 3 Lm häkeln und mit 1 Km die beiden Beine miteinander verbinden. Dann direkt in der Rd um beide Beine herum und auf beiden Seiten entlang der 3 Lm häkeln (= 30 M).

6. Rd: Jede 3. M verdoppeln (= 40 M).

7.–16. Rd: fM häkeln (= 40 M).

17. Rd: Jede 3. und 4. M zus häkeln (= 30 M).

18. Rd: fM häkeln (= 30 M).

Die Beine und den unteren Teil des Körpers mit Füllwatte ausstopfen.

19. Rd: Jede 2. und 3. M zus häkeln (= 20 M).

20. Rd: fM häkeln (= 20 M).

21. Rd: Jede 2. M verdoppeln (= 30 M).

22. Rd: Jede 4. M verdoppeln (= 37 M).

23.–27. Rd: fM häkeln (= 37 M).

28. Rd: Jede 3. und 4. M zus häkeln (= 30 M).

29. Rd: fM häkeln (= 30 M).

♥ WEITER GEHT'S

30. Rd: Jede 2. und 3. M zus häkeln (= 20 M).

Die Sicherheitsaugen anbringen und den Rest des Körpers und den Kopf mit Füllwatte füllen.

31. Rd: Je 2 M zus häkeln (= 10 M).

Evtl. noch etwas Füllwatte nachstopfen.

32. Rd: Je 2 M zus häkeln (= 5 M).

Abmaschen, die Fäden vernähen und dabei die Öffnung zuziehen.

ARME (2 X)

1. Rd: In Grau 6 fM in einen Magic Ring häkeln (= 6M).

2.–7. Rd: fM häkeln (= 6 M).

Die Arme werden nicht befüllt. Abmaschen und einen langen Faden zum Annähen hängen lassen.

OHREN (2 X)

1. Rd: In Grau 4 fM in einen Magic Ring häkeln (= 4 M).

Spiralförmig mit fM weiterhäkeln, dabei in jeder Rd stets jede 2. M verdoppeln, bis 20 M erreicht sind.

Abmaschen und einen langen Faden zum Annähen hängen lassen.

FERTIGSTELLUNG

Die Arme seitlich an den Körper nähen, etwa am Übergang vom Körper zum Kopf. Anschließend mit Rosa die Nase und mit schwarzem Baumwollgarn die Barthaare aufsticken. Alle Fäden vernähen. Abschließend dem Kätzchen noch ein Schleifenband um den Hals binden.